CANCER,

NE REVIENS PLUS.

Dylla Mati

A mes filles,

Je vous aime comme le ciel, comme la mer...

PREFACE

Ma journée de travail s'achève enfin, les vacances vont pouvoir commencer...

J'enfile mes baskets et c'est parti pour une heure trente de vélo. Longeant la plage, le soleil déclinant, les cheveux au vent, la musique dans mes oreilles, je me réjouis de retrouver mon amoureux dans la soirée.

Après une bonne heure de préparation dans la salle de bain et tout autant pour arriver à Hyères, je retrouve Pierre, mon chéri.

Les retrouvailles sont merveilleuses comme notre relation depuis six mois, la nuit est belle, je m'endors sereinement.

Demain, rien ne sera plus jamais comme avant...

« En faisant scintiller notre lumière, nous offrons aux autres la possibilité d'en faire autant. »

Nelson Mandela

7 août 2011 : le jour où tout a basculé...

Il fait beau, c'est l'été, j'ai trois semaines de vacances, mes filles sont chez leur père et moi chez mon amoureux à Hyères.

Dimanche 7 août.
Je me réveille, mon chéri me regarde, il me sourit, je fonds. Je m'approche de lui pour me blottir dans ses bras et je me dis : « la vie est belle ».
Nous décidons de faire une balade dans l'arrière-pays varois, nous nous levons pour nous préparer mais je sens une gêne.
Une gêne au cou, comme un torticolis, je vais dans la salle de bain pour m'examiner. Rien à signaler, je ne suis pas à l'aise je m'approche du miroir, ma main se pose directement sur ma clavicule droite, je sens quelque chose, je n'ose pas le dire mais je sens que c'est gonflé par rapport à l'autre côté.
J'examine mon visage dans le miroir et je me dis « c'est ton tour ». Pourquoi cette phrase, cette certitude, ce pessimisme alors que je n'ai jamais été malade ?

Je sors de la pièce, comme si les cinq minutes précédentes n'avaient pas existé, comme si je pouvais les gommer, et j'aide Pierre à préparer le petit déjeuner.
Nous sommes prêts à partir pour passer la journée à s'aimer et à découvrir cette magnifique région. Dans la voiture, j'essaie de profiter du paysage, de discuter avec Pierre, de sourire mais impossible de ne pas y penser, de ne pas mettre la main sur cette boule.
Sachant bien que je ne pourrai pas faire semblant toute la journée, je lui parle de LA découverte de ce matin et de mon inquiétude inhabituelle.
Je cite mon oncle qui a eu une boule vingt ans plus tôt au même niveau aussi, c'était la maladie de Hodgkin. Je me rends compte à

3

l'instant pourquoi j'ai cette angoisse grandissante au fur et à mesure que la journée avance.

Nous essayons de passer une bonne journée malgré tout, et à chaque fois que mes pensées dérapent, je fais un effort pour me convaincre que ce n'est pas du tout la même chose.

Mardi 9 août.

Je décide de voir un médecin. Pierre me donne les coordonnées de son docteur, qui me reçoit dans la journée. Il est affirmatif, il y a quelque chose, il me questionne sur ma famille et on en arrive à mon oncle qui a eu la maladie de Hodgkin et ma tante, un cancer du sang. Il me prescrit une écho. Je le trouve très sérieux voire soucieux. C'est mon imagination sûrement.

Le lendemain, direction centre imagerie pour mon écho qui confirme. Je décide de rentrer chez moi à Marseille pour voir mon médecin de famille.

De retour à Marseille, je contacte mon médecin qui est en vacances, il me donne les coordonnées de son confrère que j'appelle aussitôt. Il me reçoit le jour même, m'ausculte, étudie l'écho, la prise de sang, m'observe attentivement et annonce d'une voix douce mais ferme : « je vais prendre un rendez-vous à l'Institut Paoli Calmettes».

L'IPC : l'hôpital du Cancer. J'ai la tête qui tourne, il exagère peut-être, mais non malheureusement. Devant mon silence, il décroche le téléphone et écrit tout sur un papier qu'il me tend. Je le remercie et sors.

Je rentre chez moi, je vois que le rendez-vous pris tombe pendant ma dernière semaine de « vacances », semaine réservée depuis des mois à la montagne avec mes filles. Non je ne sacrifierai pas cette semaine-là. Le jour où j'ai décidé de divorcer, je me suis promis d'emmener mes enfants au moins une fois par an en vacances. Pas question de ne pas tenir ma promesse. J'appelle pour la première fois l'IPC pour changer le rendez-vous même si je sais que plus vite on sait à quoi s'en tenir, plus vite on peut soigner. Je crois pouvoir dire que c'est la seule fois où je n'ai pas été « raisonnable ».

Dimanche 14 août.
Mes filles reviennent de vacances, elles sont bronzées, elles sont belles. Inès, neuf ans et Sonia, six ans. Je les contemple, je les serre dans mes bras elles me questionnent sur ce que j'ai fait pendant leur absence. J'invente en souriant.
Dans une semaine nous partirons à la montagne, nous sommes contentes et je ne regrette pas d'avoir décalé mon rendez-vous. Au moins j'aurai eu une semaine de vacances.

La semaine sur le lac de Serre Ponçon se passe bien même s'il n y a pas un jour où je ne pense pas à la Chose. Je décide de présenter Pierre aux filles, cela fait six mois que nous sommes ensemble, nous sommes amoureux, il est d'un grand soutien, c'est un cadeau du ciel. Il nous rejoint pour une journée, les présentations sont tièdes, les filles sont très possessives, je me doutais bien qu'elles n'accepteraient pas un étranger aussi rapidement...

De retour à Marseille, mes « vacances se terminent » et je reprends mon travail, je suis assistante maternelle. Dès le lundi, je préviens une maman d'un rendez-vous important, elle est compréhensive et se débrouillera pour faire garder sa fille. La deuxième maman n'est pas concernée, car mon rendez-vous tombe un jour où je n'ai pas son enfant.
A ce jour, personne, excepté Pierre n'est au courant de cette boule. Pourtant très proche de mes sœurs, je n'arrive pas à leur en parler, comme si le dire pouvait faire grossir cette Chose.
Ma mère m'a tout de même fait une remarque à mon retour de vacances : « tu as l'air triste ». J'avais une envie terrible de me jeter dans ses bras et de pleurer les paroles de France Gall : « Si maman si, si maman si, si maman tu voyais ma vie... » Je n'ai rien fait, j'ai souri et l'ai rassurée.

Je suis l'aînée de la famille, j'ai trente-sept ans, ma sœur cadette Sabine trente-quatre et la petite dernière Elodie vingt-sept. J'ai plus que secondé ma mère quand mes parents ont divorcé, il y a quinze ans maintenant, j'ai pris mon rôle d'aînée très au sérieux, m'occupant de mes sœurs (de ma mère aussi) quand il le fallait. Alors je n'allais pas me mettre à pleurer pour quelque chose qui n'était même pas confirmé !

Lundi 5 septembre.
J'ai rendez-vous à l'IPC, j'arrive à l'accueil, je vois deux distributeurs de tickets : le premier « déjà patient à l'IPC » le deuxième « nouveau patient ». A contrecœur je prends ce ticket, dans ma tête j'entends non je ne veux pas être une patiente de cet hôpital, déchire ce ticket, va-t'en, dégage, vite !!! Une autre voix plus sage, me dit : tu DOIS voir ce docteur. Je me suis assise bien gentiment et j'ai attendu qu'on appelle mon numéro. Après avoir pris tous les renseignements nécessaires, la secrétaire m'indique l'endroit où aller pour ma consultation. J'entre dans la salle d'attente et m'assieds. J'observe, je scrute, je décortique tout autour de moi. Je vois des gens avec des bonnets, des foulards, des perruques, des masques, beaucoup d'entre eux sont accompagnés. Moi, je suis seule, par choix, pas besoin d'inquiéter, d'alarmer tant qu'il n'y a rien de sûr.
Au bout d'un certain temps, car je n'ai plus la notion du temps depuis que je suis rentrée dans le temple du Cancer, le docteur m'appelle.

Je me présente et lui remets mes documents : écho, radio, prise de sang. Il les regarde, m'examine, situe la Chose, fait des grimaces ou similaires, il m'énerve, il ne dit rien. On se rassoit, il tape sur son ordi, et tape encore. Je me dis est-ce qu'il va me regarder ? Enfin, il quitte son écran des yeux, me résume ce que je sais déjà : j'ai une masse sus claviculaire droite. Je ne dis rien, j'attends la suite car je sais qu'il n'a pas fini son discours. En effet, il me dit qu'il va falloir faire une biopsie, devant mon silence, il continue. » *On va inciser pour prélever un échantillon, l'analyser, le résultat déterminera ce que l'on fera* ».

Je sors, à la recherche du bureau des rendez-vous, j'attends mon tour, je présente le papier du docteur, je suis suspendue aux lèvres de la secrétaire qui me donne la date du scanner et de la biopsie. C'est une mauvaise blague, je n'arrive pas à croire ce qui se passe. Je vais me réveiller très bientôt... Je quitte l'hôpital, je cherche désespérément de l'air mais en vain, j'étouffe.

Le week-end prochain mon cousin d'Annecy se marie, mes filles sont surexcitées, je leur ai acheté des robes de princesses, et malgré une fatigue physique mais surtout morale je n'ai pas l'intention d'annuler. Mes sœurs ne peuvent pas venir car c'est leur semaine de travail, elles sont infirmières toutes les deux. J'appelle Sabine, on discute de tout, de rien puis je lui dis que je vais peut-être monter en train pour le mariage parce que je ne me sens pas quatre heures de voiture, elle est surprise. Je ne peux plus me taire, je lui dis que je suis fatiguée, que depuis un mois j'ai une masse, que j'ai vu le docteur et mon prochain rendez-vous c'est la biopsie. Elle est en colère contre moi, elle ne comprend pas que j'ai voulu les préserver. Je lui demande de ne rien dire à Elodie pour l'instant.

En raccrochant, je me sens encore plus mal d'avoir fait de la peine à ma sœur et de lui avoir demandé de garder cette horreur pour elle. Finalement Elodie se débrouille pour se libérer, super nous partirons ensemble et elle pourra conduire une bonne partie.

Elodie, Inès, Sonia et moi sommes sur la route, contentes de ce mariage, de voir des membres de la famille pas vus depuis longtemps. C'est là que l'on se rend compte que l'on voit la famille au complet seulement pour les mariages et les enterrements !

J'ai décidé de ne pas laisser entrer de parasites dans ma tête, je veux profiter de ce week-end, du coup j'ai conduit tout le long.

Arrivées à Annecy, nous déposons nos bagages à l'hôtel, j'avale un Doliprane car j'ai des courbatures depuis quelques jours, et nous repartons pour la mairie.

Toute la famille est sur son trente et un, on est content de se retrouver, on papote, on se raconte des anecdotes sur les uns, les autres.

En fin d'après-midi, retour à l'hôtel pour changer de tenue. Les filles jouent aux princesses avec leurs robes à cerceaux, je les trouve magnifiques, quelques cousins sont aussi dans le même hôtel, on discute encore et encore. Enfin prêtes pour la soirée, je reprends un Doliprane pour être en « forme », direction la salle de réception. Encore des photos, des fous-rires, de la musique, il y a une très bonne ambiance, je danse à peine, trop fatiguée.

Sonia s'est endormie sur mes genoux, il est trois heures du mat, on se décide à rentrer. Arrivées à l'hôtel, après avoir couché les filles, j'entends des rires dans le couloir, je vois Elodie qui papote avec les cousins, je me joins à eux mais je n'ai pas la force de rester plus de dix minutes.

Je me couche, on dirait que l'on m'a battue, j'ai mal partout.

Le lendemain réveil de bonne humeur pour tout le monde, on décide de faire un pique-nique sur le lac d'Annecy avant de prendre la route. Le Doliprane ne quitte plus mon sac, j'en prends régulièrement...

Le lac est magnifique, nous sommes installés sur la pelouse, papotant tout en mangeant notre menu Mc DO .Je regarde mon cousin Cissou, sa compagne enceinte, Elodie, et mes filles, je me dis la vie réserve bien des surprises. Si la biopsie est mauvaise, comment vais-je annoncer la nouvelle à ma mère, mes sœurs et mes filles mon Dieu, j'en ai mal au cœur. Je chasse au plus vite ces pensées.

Il est temps de rentrer à Marseille, je demande à Elodie de conduire, elle me dit qu'elle est fatiguée, qu'elle a veillé jusqu'à cinq heures. Je la fusille du regard, j'ai envie de l'étrangler !!!

Après deux heures de conduite, je lui demande de prendre le relais, elle conduit une heure, mais elle est fatiguée, quel chameau, j'ai envie de la laisser sur le bord de la route ! Je reprends le volant et avant d'arriver à Marseille, je me fais flasher (quatre-vingt-dix euros). GENIAL.

De retour à Marseille, je décide de parler de la Chose à Elodie, je ne veux plus que Sabine garde ça toute seule. Elle est sûrement très choquée mais n'en laisse rien paraître, elle est moins émotive que la cadette. Nous ne dirons rien à notre mère tant que l'on n'a pas les résultats de la biopsie.

Mardi 20 septembre.
Sabine m'accompagne pour cette biopsie, je suis angoissée et ma sœur aussi, même si elle essaie de faire de l'humour. L'infirmière m'appelle pour me « préparer » : pantalon et blouse en papier crépon, ça gratte, j'ai des sueurs froides, le bloc est glacial, je m'allonge sur la table, la chirurgienne se présente. Elle m'explique en simultané tous les gestes qu'elle fait : anesthésier la zone, inciser, et prélèvement. Cinq minutes après le début de l'incision, je crie, ça brûle, j'ai peur, elle anesthésie à nouveau.
Ce sera la pire biopsie que j'ai eue. C'est fini, l'infirmière me tient la main, je pleure, j'ai peur du résultat, je pense à mes filles.
Je ne veux pas que ma sœur me voit dans cet état, je me reprends, sèche mes larmes. Elle m'attend dans la salle d'attente, sourit timidement. Je lui raconte l'intervention, et insulte la chirurgienne qui était visiblement pressée comme si elle était payée à l'heure !
A la maison, je décide de prendre un cahier vierge dans la chambre d'Inès, il faut que j'écrive sinon je vais devenir folle. J'écris tout ce qui s'est passé depuis ce fameux 7 août.

Les filles rentrent de l'école, et me demandent pourquoi j'ai un pansement. Je leur dis que la dermato m'a retiré un grain de beauté. Neuf jours à attendre le verdict, c'est long, j'ai mal au ventre, je dors peu. J'essaie de mener ma vie comme si de rien n'était.

Jeudi 29 septembre.

Rendez-vous chez l'oncologue pour le résultat, Sabine et Elodie sont là.

Le verdict tombe : lymphome non hodgkinien type T.

Lymphome ???? Le docteur m'explique qu'un lymphome est un cancer du système immunitaire. Il affecte surtout les ganglions lymphatiques, mais aussi la moelle osseuse, la peau, le foie.

Ok, c'est bon j'en ai assez entendu, même si je n'ai rien retenu, excepté le mot CANCER.

Pendant quelques secondes je crois, mes sœurs et moi sommes restées silencieuses, puis elles ont commencé à poser des questions. L'oncologue explique qu'un myélogramme est nécessaire, il permettra de savoir si la moelle osseuse est touchée. Myélogramme ???? C'est une ponction de moelle osseuse à l'aide d'une seringue creuse dans l'os du bassin. Il pourra déterminer si j'aurai besoin de chimio ou si la radiothérapie suffira.

Dans quelques jours, je devrais passer un TEP SCAN, un scan très perfectionné.

Je rentre chez moi. J'ai de la peine pour mes sœurs de leur faire du mal, je pense à mes filles, je ne sais pas comment leur en parler, je pense à Pierre, comment notre relation va évoluer ? Ma mère, j'essaierai de la préserver jusqu'au bout. Je me dis comment est-ce possible que j'ai un cancer, je ne fume pas, ne bois pas d'alcool, j'ai une alimentation équilibrée, je fais du sport. C'est pas POSSIBLE.

La journée s'achève, les filles sont couchées, la maman de la petite Marie m'a annoncé qu'elle arrêtait le contrat, trop d'absences de ma part en un mois.

Une fois au lit, je pense à ma vie. Dix-huit mois plus tôt, je quittai le père de mes filles, depuis je n'ai pas cessé de culpabiliser : casser le cocon familial, un confort de vie, une belle maison surplombant la mer. Détruire tout ça pour un avenir incertain, il a fallu que je fasse une formation d'assistante maternelle pour être autonome et commencer une nouvelle vie.

Je n'ai jamais regretté mon choix. Petit à petit, les enfants et moi avons pris nos marques dans cet appartement que je loue jusqu'à ce que le divorce soit prononcé et que je puisse acheter quelque chose. Lorsque les filles étaient chez leur père, je profitais de sortir, voir mes amies ça me faisait un bien fou, moi qui ne m'étais jamais séparée d'elles, je découvrais les joies du célibat. Ma rencontre avec Pierre a évolué crescendo, et aujourd'hui nous sommes très amoureux. Depuis le début de cette horreur, je me dis que j'ai de la chance de l'avoir à mes côtés.

Lundi 3 octobre.
Je passe le super scanner méga perfectionné, je suis dans une pièce avec des lits séparés par des rideaux, l'infirmier me fait signe de m'allonger, il m'explique qu'il va m'injecter un produit radioactif qui permettra de mettre en lumière ou pas les anomalies éventuelles dans mon corps. Je devrai patienter une heure avant de faire connaissance avec le scanner.
Mon tour arrive, j'entre dans la salle, je vois cet engin immense, il m'impressionne, j'ai peur.
L'infirmier me dit que l'examen va durer trente minutes. Quoi trente minutes de torture !
Je m'allonge et l'engin se met à faire du bruit comme les réacteurs d'un avion. Je sens de l'air sur mon visage. J'ai peur, je ferme les yeux. Pendant une demi-heure, les yeux fermés, je pense à des souvenirs heureux : notre séjour à la montagne, je vois le lac, les montagnes enneigées, les filles souriantes.

Les réacteurs s'arrêtent enfin, la soufflerie aussi, l'examen est fini.
Je dois attendre dans une petite pièce, un docteur va m'appeler. En attendant, je peux manger ! (il fallait être à jeun).
Au bout de dix minutes, le docteur m'appelle, confirme qu'il y a une masse sus claviculaire droite, mais pas ailleurs.
Je quitte l'hôpital en attendant mon prochain exam : le

myélogramme.

Vendredi 7 octobre.
Je commence malheureusement à me familiariser avec l'IPC, je prends mon ticket, j'attends, je suis les consignes d'enregistrement, je découvre les différents services. Aujourd'hui, c'est chirurgie de jour. L'infirmière m'accueille, m'invite à me déshabiller et à me coucher sur le ventre. J'ai de la chance me dit-elle, l'oncologue lui-même, me fera le prélèvement ! Il arrive, le matériel est déjà prêt, il me dit que je n'aurai pas mal sauf pendant l'injection du produit anesthésiant qui brûle. Lui aussi m'explique en simultané ce qu'il fait : anesthésie oui ça brûle grave. Il appuie fortement sur l'os du bassin on dirait qu'il veut enfoncer son pouce. Ce n'est pas son pouce mais la seringue qui entre dans l'os, très bizarre comme sensation, ça résiste, il force, je suis crispée. Il me dit que c'est fini. Pansement, pas de douche pendant vingt-quatre heures.

Je suis dans la salle de bain, toute nue je regarde mon corps. Jusqu'à présent, excepté la cicatrise de ma césarienne, ma peau était parfaite. Maintenant, j'ai une cicatrice au cou et un petit trou au-dessus des fesses...
Demain j'ai rendez-vous avec mon oncologue, il me dira chimio ou radiothérapie. Ca me rappelle un sketch de Pierre Palmade « tu préfères un bras en bois ou une jambe en mousse ? »

Lundi 10 octobre.
Mes sœurs et moi, attendons dans la salle d'attente. Toutes les salles sont ouvertes, ce qui me permet d'observer une jeune femme qui doit avoir vingt-cinq ans très jolie portant un chapeau spécial alopécie. Je prie intérieurement pour ne pas avoir droit à la chimio, je ne veux pas perdre mes cheveux.
Nous entrons dans le cabinet du docteur, il nous donne les résultats du myélo : la moelle osseuse n'est pas touchée.
Maintenant qu'il a tous les éléments en main, sachant qu'il n'y a

12

« qu'une tumeur », la radiothérapie suffira.

De retour chez moi, je passe à la pharmacie pour acheter du Doliprane. Au moment où j'entre, je vois cette fille au chapeau qui sort, quelle coïncidence. Je ne peux m'empêcher de l'aborder en lui disant que je l'ai vue aujourd'hui à l'IPC. En effet, elle a vingt-cinq ans et le même lymphome que moi sauf que le sien est agressif.
J'ai de la chance, la radiothérapie, ce n'est pas rien mais à côté de la chimio... Je suis soulagée, j'ai un bon moral et j'ai confiance pour la suite. Je serai soignée dans un excellent hôpital, les gens viennent de loin succès oblige !

Tout se bouscule dans ma tête, maintenant que c'est officiel, je dois prévenir la maman de Laurie, mon ex-mari, et ma mère. Je n'ai jamais été en arrêt de travail sauf pour ma grossesse, tout est nouveau, inconnu. Et l'organisation des enfants pendant mes séances de radiothérapie ? J'ai peur qu'elles ratent leur année scolaire. Suis-je obligée de leur dire ? Je suis certaine de la guérison mais torturer mes filles et ma famille est insupportable. Je suis fatiguée, faut que je dorme.

J'informe la maman de Laurie que fin octobre je serai en arrêt maladie, elle est adorable, compréhensive, et me propose son aide si besoin. Ca me change, de la maman de Marie qui m'a « remerciée » !
J'appelle mon ex et lui explique ce qu'il en est. Il me souhaite de bien me soigner.
Mes amies sont peinées, sonnées et réalisent que cette Chose peut toucher n'importe qui. Je ressens un amour immense de leur part.
C'est dimanche, les enfants sont chez leur père, moi chez ma mère avec Sabine et Elodie, je dois lui dire. J'ai mal au ventre, je ne sais pas comment aborder la Chose. Je me lance, je lui dis que j'ai une boule près du cou, qu'elle a grossi depuis un mois et demi, que j'ai vu un docteur à l'IPC (elle connait l'hôpital car sa sœur a été soignée

là-bas), elle se décompose, ne comprend pas ce que je dis. J'ignore son attitude, sinon je n'arriverai pas à finir ma phrase, et lui dis que je vais devoir faire de la radiothérapie.

Mes sœurs prennent le relais en donnant plus de détails, elles mettent les aspects positifs en avant : c'est localisé, il n'y a pas de métastases, c'est un lymphome indolent c'est à dire qui se développe lentement etc...

Ma mère réussit à bafouiller « je ne comprends pas tu fumes pas, tu bois pas », elle regarde mes sœurs au cas où elles auraient une réponse bien cartésienne !

Je la regarde, je m'en veux de l'angoisser de la sorte, elle a eu son lot de mauvaises surprises..

Je rentre chez moi, épuisée de ce moment, j'attends mes filles qui ne vont pas tarder à rentrer. Je ne souhaite rien leur dire finalement, pas la peine, la radiothérapie n'abîme pas le physique. J'ai Pierre au téléphone, ça me fait du bien.

Au cours de la semaine, le père des filles, veut me voir. Je lui propose de venir à la maison, il me demande des détails sur la maladie puis enchaîne sur le divorce. Ça finit en dispute comme toujours... Cela fait deux ans déjà que j'ai entamé la procédure, je veux tellement que ça se termine.

Lundi 24 octobre.

Ça y est je suis en arrêt maladie, j'ai des vacances forcées, j'en profite pour passer quelques jours chez Pierre. Il est aux petits soins pour moi, je suis comme une princesse, il m'offre un massage, ça me fait un bien fou même si je ne peux m'empêcher de penser à ce qui va se passer dans les prochains jours...

L'échéance se rapproche et je pense qu'il vaut mieux dire la vérité aux enfants. Mais je ne sais pas comment, quoi dire, dois-je prononcer le mot Cancer ?

Finalement, j'essaie le plus simplement et surtout avec le plus grand calme comme font les docteurs, de leur expliquer que l'on ne m'a pas retiré un grain de beauté mais une petite boule cancéreuse. Il existe un moyen de faire partir cette boule c'est la radiothérapie. Elle va envoyer une lumière spéciale qui va la détruire.

Les enfants savent plus ou moins ce qu'est un cancer, leur maîtresse en a eu un. Inès me demande si mon cancer est grave. Je lui réponds que le mien ne l'est pas, pour preuve je ne perdrai pas mes cheveux, je n'aurai pas mal, notre vie ne sera pas différente, je serai toujours là pour la sortie d'école. Sonia est silencieuse, je lui demande de me résumer ce que je viens de dire, elle semble avoir compris.

De peur d'en avoir trop dit ou pas assez, je préfère les emmener chez le pédopsychiatre que nous avons consulté quelquefois depuis ma séparation.

Avant de commencer mes séances, j'ai une consultation avec ma radiothérapeute. Elle me présente un tableau avec le détail des doses de rayons, les séances auront lieu tous les jours à raison de vingt minutes. Début 31 octobre, fin 12 décembre : une trentaine de séances ! Comme la zone à traiter se situe au niveau du décolleté, pour éviter d'écrire au marqueur sur ma peau, elle va réaliser un masque en résine je crois. Je pense avoir tout compris, je sors du cabinet et attends ma première séance d'UV. Je suis pressée de commencer pour en finir au plus vite...

31 octobre, début des hostilités...

J'ai pris soin de prendre mes séances en début d'après-midi afin d'être présente pour mes filles à 16h30. Il est 14 heures, Pierre et ma mère ont souhaité être là pour la première représentation !

Nous sommes dans la salle d'attente, il y a du monde, ma mère n'arrête pas de souffler, je crois qu'elle cherche un peu d'air frais comme moi l'autre fois, mais n'en trouve pas. Elle fait des commentaires hallucinants « mais c'est bien long, tous ces gens sont malades? ». Elle me fait rire intérieurement, mais je sais que ça lui a coûté de venir, elle ne tient pas en place, elle est au bord de l'implosion.

Voilà ça y est, c'est à moi, un manipulateur vient me chercher. J'adresse un sourire à Pierre et maman et j'y vais. Je ne sais pas où je vais mais j'y vais quand même.

Le manip me dirige vers une cabine ; je retire pull, soutien-gorge, bijoux et j'enfile une blouse en papier gratt gratt.

Une fois prête, je le suis. La porte de « la salle des tortures » est à demi ouverte, il entre, je suis hypnotisée par cette porte qui en dit long. Elle est immense mais ce qui me frappe c'est son épaisseur, on se croirait dans un film de science-fiction où tout est surdimensionné. Il me demande de m'approcher, une autre manipulatrice est là, m'accueille chaleureusement. Oui j'en ai besoin. Elle me demande d'enlever ma blouse, et de m'allonger sur la table. A l'hôpital, la pudeur n'a pas sa place ! Je m'exécute. J'analyse la salle pour essayer de me familiariser avec l'équipement environnant et avoir moins peur. La pièce est sombre comme pour cacher quelques horreurs. Je vois un écran de télévision avec ma photo, le détail des doses, cela me rappelle ce que m'avait montré la radiothérapeute quelques jours plus tôt. Ca me rassure un peu, je me dis qu'ils ne vont pas me mettre les doses de quelqu'un d'autre !

Derrière ma tête, je sais qu'il y a une machine qui ressemble à un scanner mais pas tout à fait, au plafond un gyrophare m'interpelle. Les manipulateurs m'informent que cette première séance sera plus longue que les autres car il faut ajuster tout un tas de choses. J'acquiesce, je les observe, je reconnais le masque fabriqué quelques jours plus tôt. Ils le mettent sur mon visage, et font des marques à plusieurs endroits.

Enfin tout est prêt, ils me demandent de garder la même position durant toutes les séances : allongée sur le dos, tête dans l'axe indiqué face au plafond, ne pas bouger d'un millimètre sinon l'appareil s'arrête. Ok j'ai compris. Je demande un drap pour couvrir ma poitrine et aussi parce que j'ai froid.

La manipulatrice m'offre un dernier sourire avant de me remettre le masque. Je n'avais pas compris que je le garderai toute la séance.

Mes oreilles entendent tour à tour un énorme clac, je réalise qu'elle vient de sangler le masque sur mon visage. J'ai chaud, j'étouffe, je me sens épinglée, juste deux trous pour les yeux et un pour la bouche. Et s'il y a un problème, je ne peux même pas m'échapper. J'essaie de toutes mes forces d'effacer ces scènes d'horreurs qui galopent dans ma tête.

Mes yeux sont rivés au plafond, pas le droit de bouger, j'ose à peine respirer, les manips me préviennent qu'ils vont sortir mais seront juste à côté pour me voir et m'entendre grâce à la caméra.

J'ai envie de crier « NE ME LAISSEZ PAS SEULE » mais rien ne sort.

Un silence de tombe envahit la pièce, je ne vois pas grand-chose mais subitement mon ouïe devient méga sensible à tous bruits. Le silence sera de courte durée, la machine qui est derrière moi se met en route et se positionne au-dessus de ma tête, elle ressemble à un énorme appareil photo. Le boîtier s'ouvre, pour laisser apparaître une lumière acceptable. Malgré la peur, je regarde l'objectif. La radiothérapeute m'a certifié que la zone irradiée ne toucherait pas le visage donc pas besoin de lunettes. A nouveau, silence, j'ai envie d' hurler « c'est pas fini ce suspens ». J'entends des pas dans la salle, les manips sont revenus, chouette ça s'arrête enfin.

Ils s'approchent, j'entends à nouveau ce clac clac de part et d'autre de mes oreilles, retirent le masque et m'informent qu'ils doivent refaire leur calcul car la machine ne s'est pas mise en marche. Le même cinéma va durer quarante-cinq minutes, ils s'apprêtent à prévenir la radiothérapeute mais finalement cette fois c'est la bonne. Ils sortent pour la cinquième fois de la salle, la machine tourne et se place au-dessus de ma tête légèrement sur le côté droit. Le boîtier s'ouvre et la lumière apparaît, le gyrophare s'éclaire et une sirène se met à hurler. Je suis effrayée, ma respiration s'accélère, je ne bouge surtout pas, je ne veux même pas pleurer de peur d'être électrifiée ! Après quelques minutes, la sirène se calme, le gyrophare change de couleur, la machine se déplace légèrement et rebelote ça recommence. Je tente du mieux que je peux pour occulter cette sirène et penser à quelque chose d'agréable comme j'avais fait pour le tep scan.

En vain, le bruit est trop fort mon cerveau n'arrive pas à zapper. La machine se déplace encore, la sirène et le gyrophare se remettent en marche à nouveau. Je subis la torture pendant vingt minutes puis tout s'arrête. Presque aussitôt, les manips entrent dans la pièce, me disent que c'est terminé, ils sont désolés que cela ait duré si longtemps. Le masque enlevé, je me sens plus légère, la jeune femme m'aide à me relever, j'ai la nuque endolorie. Je me demande comment j'ai fait pour tenir la position face au plafond pendant plus d'une heure, je remets ma blouse gratt gratt et sors du coffre-fort.

Une fois rhabillée, je retrouve ma mère et Pierre, qui sont au courant du contretemps, la manip avait pris soin de les prévenir. Nous quittons l'hôpital au plus vite, ils me posent des questions, si j'ai eu mal. Je leur dis que ça ne fait absolument pas mal, le reste je le garde pour moi, de toute façon, je n'ai pas les mots pour décrire ce que je viens de vivre...

Le soir j'appelle les filles qui sont chez leurs grands-parents, elles me racontent leur déguisement et tous les bonbons qu'elles ont récoltés pour Halloween. Je suis contente qu'elles soient loin de moi, inconsciemment j'ai peut-être eu peur de leur transmettre une quelconque radioactivité.

Pierre et moi passons la soirée gentiment, allons nous coucher de bonne heure, je suis exténuée.

Bizarrement, je n'arrive pas à m'endormir alors que Pierre est déjà loin. Je repense à ma journée, je n'ai eu aucune douleur physique mais psychologiquement, je n'ai pas les mots justes pour expliquer l'angoisse que j'ai ressentie. Quand je pense que ça fait vingt ans que je protège ma peau des rayons du soleil et là, je m'en prends plein la tronche !

Demain 1er novembre jour férié, pas de séance. Allez plus que 29.

Mercredi 2 novembre.
Elodie garde les enfants, c'est ma deuxième séance de bronzage.

Jeudi 3 novembre.
Ma copine Sofia m'accompagne, on déjeune avant la séance. Ça me fait du bien de savoir qu'elle est là même si elle ne me tient pas la main je sais qu'elle est à côté.
La première semaine s'achève avec de timides effets secondaires : mal de tête, gorge sèche, chaleur au niveau de la tête comme si j'avais un casque.
Deuxième semaine, même scénario. Je finis mes séances vers 15 heures quand il n'y a pas de retard, je rentre à la maison me reposer avant d'aller à l'école pour 16h30. Les enfants ne voient pas de réel changement dans leur quotidien et c'est tant mieux. Au début des séances, j'avais noté 6 mercredis environ, où il fallait que je sollicite mes sœurs et ma mère pour garder les filles.
Neuf et six ans, elles ne sont plus des bébés mais tout de même je ne les avais jamais laissées seules. Pourtant c'est ce que je fais un mercredi car ma famille ne peut pas être là. Dans la salle d'attente, j'appelle régulièrement les filles pour savoir si tout va bien, je ne suis pas rassurée. Je me dis s'il y avait une garderie ici à l'IPC comme à IKEA ce serait bien !
Le soir, la chaleur dans le cou ne me quitte pas, elle me rappelle ce qui s'est passé quelques heures auparavant au cas où je l'aurai oublié. Le lendemain matin, je ressens un léger gonflement sous l'œil, si léger qu'il est imperceptible devant le miroir. Faut que j'arrête, je deviens parano.

Je décide de consulter la psychologue de l'hôpital, j'en ai besoin. Hormis mon cahier qui connait mes états d'âmes, je ne raconte pas grand-chose à mon entourage.

Troisième semaine de séances, ma peau au niveau du décolleté a pris un bon « coup de soleil » malheureusement je ne peux rien appliquer dessus tant que je n'ai pas fini mes séances. Si j'utilisais un corps gras sur ma peau cela pourrait faire effet friture sous les rayons !

Je n'ai pas vu ma mère depuis quinze jours, quand elle me fait remarquer quelque chose sous l'œil. Je n'étais pas folle, ça veut dire que ce que j'ai ressenti a grossi depuis.

Le lendemain j'informe ma radiothérapeute de ma découverte, elle ne voit rien, tente de me rassurer mais devant ma fermeté, me propose un scanner orbital.

Je suis fébrile à l'idée que le scanner révèle la même chose que ce que j'ai déjà. L'examen terminé, j'attends le verdict du docteur. A ma grande surprise, le scanner ne montre rien d'anormal. Je devrais être contente, mais je suis sceptique. J'informe ma mère et mes sœurs du résultat, elles sont soulagées mais pas moi. Je finis par m'endormir en me disant que je dois faire confiance à la machine.

Quatrième semaine, la psychologue me reçoit avant ma séance d'UV. Elle est charmante, chaleureuse et me mets à l'aise rapidement. Je lui résume ma séparation avec le père des enfants, ma reconversion professionnelle, ma rencontre avec Pierre et la Chose. Elle note la violence avec laquelle je parle des séances de radiothérapie. Je ne peux plus dormir sur le dos avec la tête droite façon Toutankhamon, mon corps le refuse. Ce sera irréversible.

Je la quitte pour aller à ma séance. Le service de radiothérapie se trouve au sous-sol, j'ai la sensation de descendre dans une cave, l'odeur ambiante me donne la nausée, le bruit des machines devient insupportable. J'essaie pourtant de m'y habituer mais je n'y arrive pas.

Cinquième semaine, ma copine Jamila se propose de venir avec moi, j'accepte j'en ai besoin même si je me sens un peu coupable qu'elle vienne dans un tel endroit.

Les effets secondaires s'intensifient : aphtes, absence de salive, peau rouge, œsophage atrophié, j'ai de sérieuses difficultés pour avaler, la radiothérapeute me prescrit de la cortisone pour pouvoir manger correctement.

Je suis au téléphone avec une copine et tout en discutant, je joue avec mes boucles. Quand je raccroche, je sens que j'ai fait des nœuds avec mes cheveux, j'essaie de retirer mes doigts mais ils sont prisonniers. Je tire dessus mais bizarrement je n'ai pas mal, une énorme boule de cheveux se retrouve dans ma main, oh mon Dieu j'avais oublié que la thérapeute m'avait prévenue que je perdrai quelques cheveux à l'endroit de l'irradiation. Je passe mes doigts au-dessus de ma nuque, et je sens que c'est tout lisse, je me dirige dans la salle de bain, soulève mes cheveux en queue de cheval et observe le nouvel effet secondaire : un rond d'environ 3 cm de diamètre tout lisse. Heureusement que ça ne se voit pas avec les cheveux lâchés.

Cette boule de cheveux dans ma main m'a beaucoup perturbée, je suis énervée et triste quand je vais chercher les enfants à l'école.

Le soir dans mon lit, j'essaie de me consoler en me disant que j'ai de la chance de ne pas les avoir tous perdus.

Le lendemain au réveil, je sens à nouveau cette gêne oculaire, j'ai la vive impression que cela a encore gonflé. Tant pis si la radiothérapeute me prend pour une cinglée malgré le résultat du scan, je vais lui en parler une fois de plus.

Je suis étonnée de son calme et de son écoute, elle me propose de consulter un ophtalmo à Marseille qui travaille beaucoup avec l'IPC. Je suis un peu en avance au rendez-vous, impatiente qu'il m'examine, je n'ai presque pas fermé l'œil de la nuit, je voudrais ne pas avoir raison, mais ma petite voix intérieure ne va pas dans ce sens.

L'ophtalmo me reçoit, je lui résume ma pathologie, mes séances de rayons et cette Chose que je sens sous l'œil malgré un scan vierge.

Il examine mon œil et ma paupière inférieure gauche avec le doigt ainsi que ses instruments. « Il y a quelque chose » dit-il. Il m'informe qu'étant donné la partie délicate à analyser (passer par l'œil pour prélever) il préfère pratiquer une anesthésie générale. J'avoue que moi aussi, « je préfère ». Il est étonné que le scan orbital n'ait rien révélé, souhaite tout de même le voir la prochaine fois, c'est à dire dans quelques jours pour la biopsie.

Je n'étais pas folle, j'avais raison depuis le début. Comme j'ai bien fait d'insister. Ne suis-je pas la mieux placée pour parler de mon corps ?

J'ai choisi vendredi pour l'anesthésie, ma mère pourra s'occuper des enfants, elles ne me verront pas rentrer chez moi avec un pansement sur la figure.

Il est prévu que j'arrive à la clinique pour quatorze heures et je pourrai sortir vers dix-huit heures. Je sèche ma séance d'UV !

Sabine est avec moi, patientons en rigolant de tout, l'ambiance est assez détendue. Une infirmière se présente, et explique à ma sœur qu'elle la préviendra quand ce sera terminé.

Une fois vêtue de la tête aux pieds de combi gratt gratt, le brancardier me conduit vers le bloc.

Toute l'équipe médicale m'accueille chaleureusement, le docteur veut avoir confirmation de ma part qu'il s'agisse bien de l'œil gauche, fait une marque avec un feutre. Ca me rassure. Un dernier sourire à l'anesthésiste et je m'endors...

Mon réveil se fait en criant « j'ai mal, j'ai mal » je me souviens de ça. J'entends la voix de ma tante, ma sœur n'est plus là. J'entends morphine.

Je me réveille un peu plus tard dans une chambre, ma tante Micheline est près de moi et me résume ce qui s'est passé.

Cela a duré plus que prévu, le fait de m'avoir donné de la Morphine pour la douleur, m'oblige à passer la nuit à la clinique. Ma tante demande aux infirmières un flacon de bicarbonate de soude pour mes bains de bouche afin de limiter les aphtes, elle s'absente une heure et revient avec une soupe maison. Je suis touchée par tant d'attentions. Malheureusement j'ai à peine le temps de la goûter, que je la vomis aussitôt. Paraît-il que la Morphine y est pour quelque chose !

Me sentant mieux, j'appelle mes filles qui sont chez ma mère, leurs voix me font oublier un instant où je suis, elles pensent que je suis à la maison comme prévu, je n'ai aucune intention de rectifier le changement.

Au cours de mes visites chez la psy, je réalise que je n'accepte pas de subir ces séances qui deviennent de plus en plus difficiles : la tête épinglée, la position de momie et cette passivité qui m'insupporte ; même si je sais que c'est le seul moyen de pulvériser cette tumeur.

Sixième et dernière semaine de rayons, mes amies Sofia, Cécile et Corinne m'offrent un bracelet avec un œil de tigre pour mon anniversaire. Les propriétés sont multiples, il ne quittera plus mon poignet !

La nouveauté lors de mes séances, c'est que sous mon masque, je pleure en silence.

Il me reste trois séances, quand le manip m'informe que la radiothérapeute souhaite me voir. Il y a deux personnes avant moi qui attendent lorsqu'elle me fait passer en premier (mauvais signe). Elle m'annonce le résultat de la biopsie palpébrale : même nature que ma tumeur sus claviculaire. Je m'en doutais malheureusement... Après avoir hésité entre la chimio et la radiothérapie, elle choisit la deuxième solution car la tumeur est petite. Avec des rayons très localisés, on en viendra à bout. Je lui fais part de mon angoisse car il s'agit cette fois de mon visage, je suis actuellement brûlée au second degré sans parler de tous les effets secondaires qui se sont accumulés. Je suis très inquiète et souhaite me renseigner avant de donner mon feu vert.

Aussitôt j'en parle à mes sœurs, Elodie prend rendez-vous avec deux oncologues qu'elle connaît. Sabine s'informe à l'hôpital Nord. De mon côté, je vais voir un ophtalmo de renom à Marseille qui prend du temps et contacte un confrère à Nice pour confirmer ses dires.

A la fin de la semaine, sur les conseils de ces docteurs, j'accepte cette nouvelle radiothérapie.

Un nouveau rendez-vous est prévu avec la radiothérapeute pour déterminer la zone à irradier. Elle m'avertit des effets : sécheresse oculaire, rougeur sous la paupière mais certifie qu'ils ne seront pas les mêmes que les précédents, je m'efforce de la croire. Elle prévoit une vingtaine de séances début janvier. Elle regrette de me faire subir deux fois de la radiothérapie, si on avait su plus tôt pour la paupière on aurait pu faire « d'une pierre deux coups ». Je ne dis rien, c'est comme ça.

Lundi 12 décembre.

C'est ma dernière séance, je devrais être contente mais je sais maintenant que je n'en ai pas fini avec cette machine.

Les rayons terminés, je peux chouchouter ma peau avec une crème au calendula pour calmer la brûlure.

Noël approche, je m'oblige à apprécier cette courte trêve et de prendre tout ce qu'il y a de bon pour moi. Mon corps a soif de recharge en énergies positives. Ces fêtes vont m'aider d'autant plus que Pierre a prévu de m'emmener quelques jours à Lourmarin entre Noël et Jour de l'An.

Le séjour se passe à merveille, malgré une dispute au sujet de la radiothérapie qui m'attend. Selon lui je devrais refuser. Je lui rappelle qu'un tel luxe ne s'offre pas à moi !

25

Lundi 2 janvier.

Je passe un Tep scan qui confirme que la tumeur sus claviculaire a disparu, en revanche toujours pas de trace de la tumeur palpébrale. Incroyable, comme quoi la machine n'est pas infaillible. Une IRM est prévue et ne révélera rien, elle aussi. Ma petite voix me dit que cette Chose est très vicieuse...

Lundi 9 janvier.

Je commence ma première séance qui est bien différente des précédentes. Tout d'abord, je ne suis pas dans la même salle, pas de masque, pas de sirène, la machine n'est pas aussi impressionnante et la lumière qui sort de l'appareil est beaucoup plus réduite. A peine le temps de m'installer que les manip reviennent déjà. La séance dure seulement cinq minutes. Dans ces conditions, mes rendez-vous journaliers à l'IPC deviennent supportables, peut-être aussi que j'accepte mieux la situation sachant que la première tumeur a été détruite grâce à cet engin.

Aujourd'hui, il y a du retard, un appareil est hors service. La salle d'attente est pleine, une scène m'interpelle : je vois un garçon accroché à sa maman, il la caresse, elle lui sourit fébrilement, ses yeux sont vides, son corps paraît si chétif et ses cheveux bien trop brillants pour être vrais. Cette scène me fait mal, je détourne mon regard. Je pense alors à la fameuse garderie de mes rêves, les enfants n'auraient pas à voir des choses insupportables. Pourquoi rien n'a été prévu pour les petits, ça me paraît tellement absurde.

Après une dizaine de séances, mon œil fait mal et ma joue rosit, mais comme me l'avait dit la radiothérapeute, les effets sont beaucoup moins intenses.

Je prends mon mal en patience et compte les séances qui me rapprochent de la fin.

Ce week-end, Pierre et moi fêtons nos un an. Toujours autant d'amour sinon plus, je pense que la maladie nous a rapproché davantage. J'ai de la chance de l'avoir à mes côtés.

19 et 21 janvier, c'est l'anniversaire de mes filles, je leur offre un week-end à Paris. Elles rêvent de voir la Tour Eiffel ! La famille participe au cadeau, nous partirons début février quand mes séances seront terminées définitivement. Il faut profiter des bons moments et garder de jolies images dans la tête. Ça m'a aidé, quand je passais mes scanners...

Jeudi 9 février.
Dernière séance. Je suis contente de quitter le sous-sol.

10 Février 2012, accalmie avant la tempête...

Les enfants, Pierre et moi sommes dans le train pour Paris, au programme : visites, rires, amour et bonne bouffe même si j'ai toujours des aphtes. Le séjour se passe bien, et nous revenons à Marseille avec des souvenirs plein la tête comme je le souhaitais.

Le Dr Bernard me laisse un peu de repos, nous devons nous revoir dans deux mois.

Avec le temps, je me sens moins fatiguée et envisage de reprendre le vélo même si j'ai toujours des douleurs au bras droit (les rayons ont abîmé les terminaisons nerveuses). Je pense également à mon travail, septembre, ça me semble bien, d'ici là les gênes auront disparu. En attendant, je vais régulièrement chez un kiné pour apaiser ce mal. Ma glande salivaire n'étant pas revenue (toujours d'actualité quatre ans plus tard), une bouteille d'eau ne me quitte sous aucun prétexte. Je la dégaine toutes les cinq minutes ! Je réalise à quel point la salive joue un rôle important pour manger, déglutir, parler et protéger les dents car elle les aide à se défendre des bactéries. Une gouttière en silicone que je remplis de fluor tous les jours me permet de renforcer ma dentition, et ce jusqu'à que la salive revienne.

Fin avril, je passe à nouveau un Tep scan, le Dr Bernard est ravi de m'annoncer que je n'ai plus rien.
Je suis tellement soulagée, je vais pouvoir reprendre ma vie d'avant. Avant cette horreur.
J'appelle mes filles qui sont en vacances pour leur annoncer la bonne nouvelle. J'appelle ma mère, mes sœurs, mes amies, enfin j'appelle tout le monde, je suis trop contente et c'est réciproque.
Je vais chez Pierre quelques jours, nous sommes heureux.

Courant juin, je commence à mettre des annonces pour accueillir des enfants à partir de septembre même si les douleurs cervicales n'ont pas complètement disparu. Le travail c'est la santé, j'en ai besoin. Je me suis remise au vélo et à la marche, cela me fait le plus grand bien.

Un matin en revenant du sport, je me déshabille pour aller à la douche et je vois un petit bouton sur mon ventre : un moustique m'a piqué. Deux jours plus tard, un autre bouton apparaît. Quelques jours plus tard, je sens une gêne au niveau du rein. Ma petite voix m'énerve, je refuse de l'entendre.

Pierre et moi faisons une balade à moto du côté de Fréjus, la côte est magnifique, le bleu de la mer contraste avec la terre rouge de la région, le vent nous rafraîchit, nous passons une journée idyllique, excepté une douleur à la fesse. Quand nous rentrons le soir, je suis exténuée mais heureuse de cette journée en amoureux.
Le lendemain, Pierre me propose à nouveau une promenade à moto, je lui dis que je n'ai toujours pas récupéré de la journée d'hier, donc

nous prenons la voiture.

Il faut bien que je me rende à l'évidence, les boutons de moustiques sur le ventre ont grossi, mais je n'accepte aucun nuage dans mon ciel illuminé. Je veux être heureuse avec Pierre et profiter de ces petites vacances.

La moto devient gênante, j'ai constamment mal à la fesse, je ne comprends pas, Pierre a investi dans une selle « grand confort » !

Une semaine s'est écoulée, Pierre est chez moi pour le week-end, je me risque à lui dire que j'ai deux boules sur le ventre, il me répond « et celle sur la fesse, tu comptais me la cacher ? » Je réalise que s'il a remarqué celle-là, je ne peux plus continuer à ignorer ce qui se passe.

Lundi 18 juin.

Je pressens ce qui va se passer en composant le numéro de l'IPC. La secrétaire me dit que le docteur ne sera là que l'après-midi mais elle prend note de mon message : plusieurs boules sur le corps.

Vers quatorze heures, mon téléphone sonne, c'est le Dr Bernard. Je lui résume la situation : apparition de boules depuis trois semaines qui ne font que grossir, j'en ai localisé quatre. Il me demande de venir aussitôt.

J'arrive à l'IPC à contrecœur et me dirige dans la salle d'attente du docteur. Une patiente sort du cabinet, et c'est à mon tour malgré les trois personnes qui me précèdent (c'est toujours mauvais signe) !

Il m'examine, localise les Choses, contacte un chirurgien pour faire une biopsie vendredi. Il est désolé mais pas autant que moi, ne dit pas grand-chose, ce n'est pas dans son habitude.

Je rentre chez moi comme un robot, je ne vois rien, je suis dans un brouillard, je suis fatiguée, je suis l'ombre de moi-même.

L'anniversaire de Sabine est dans quelques jours, après, je pourrai prévenir ma famille du retour de la Chose...

Vendredi 22 juin.

Jour de la biopsie. Toujours vêtue de pyjama gratt gratt, je m'allonge sur la table d'opération, je commence à m'accoutumer au bloc. Le chirurgien se présente, je retire ma blouse pour qu'il puisse désigner quelle tumeur sera incisée. Ce sera celle dans le dos. Je suis stressée mais tout se passe bien. Verdict dans une semaine, même si je sais pertinemment que le résultat sera mauvais.

Les jours passent et de nouvelles tumeurs apparaissent, je pense en avoir une dizaine. Je sais ce que ça veut dire mais ma tête ne l'admet pas.

Il est temps que mes sœurs et ma mère soient au courant, j'ai mal au cœur en même temps que je leur fais part des dernières nouvelles. Elles se contiennent du mieux qu'elles peuvent, dans la famille les émotions en tous genres sont rares, par pudeur sûrement.

Je m'en veux tellement, c'est idiot mais c'est ainsi. Je suis fatiguée de tout ça et pourtant je ne peux pas commencer un traitement dans cet état. Je n'arrive pas à me motiver, à accepter la situation. Je vais prendre des cours de yoga, je n'y connais rien mais ça pourra m'aider.

Lundi 9 juillet.

Résultat identique lymphome T.

Jeudi 12 juillet.

Dr Bernard nous reçoit, mes sœurs, Pierre et moi. Il affiche à la fois un accueil chaleureux et en même temps, on ressent une tension électrique. C'est à ce moment qu'il s'engage dans un monologue : « *les tumeurs sont réapparues deux mois après le dernier scanner, (*il nous montre le scanner actuel, mon corps est souillé de taches noires) *votre pronostic est défavorable. Après la RCP (réunion de concertation pluridisciplinaire), je préconise le protocole suivant : douze chimios, tous les quinze jours, suivie* *d'une greffe de moelle osseuse ».*

Il me regarde fixement, je l'imite, il continue son discours. Il nous explique ce qu'est une greffe de moelle osseuse : « *l'allogreffe nécessite la collaboration d'un donneur compatible qui accepte un prélèvement de moelle osseuse. Le principe est de détruire la moelle malade de la personne et de la remplacer par celle d'un donneur sain. L'allogreffe ne peut être pratiquée que lorsque la maladie est contrôlée au maximum. Le donneur de moelle doit être compatible avec le système immunitaire du malade, ce qui n'est pas fréquent. Il doit avoir un groupage tissulaire HLA identique au malade. Ce groupe HLA n'a rien à voir avec le groupe sanguin. Il y a une chance sur quatre de trouver un donneur compatible dans la fratrie. S'il n'y en a pas, on fait une demande nationale ou internationale pour en trouver un.* »

Je suis sonnée, les autres aussi, je ne peux pas croire qu'il parle de moi, non ce n'est pas possible, c'est une mauvaise blague, je veux partir mais je suis lourde, collée à la chaise. J'ose la première poser une question : » *pourquoi cette greffe, douze chimios ne suffiront pas ?* » Il me répond doucement « *malheureusement si on ne fait pas de greffe, malgré les chimios, ça reviendra* ».

Après un silence de mort, il m'informe que la première chimio est prévue le 31 juillet, et qu'auparavant je dois être munie d'un PAC (port à cathéter). Posé sous la peau, ce dispositif relié à une voie veineuse profonde permet de faire passer les médicaments sur une longue durée telle que la chimio.

Je vais avoir un truc sous la peau, je suis à bout, je veux pleurer, me rouler par terre comme les enfants, hurler ma colère et dire « c'est pas juste ».

Mes sœurs qui étaient restées silencieuses, demandent à faire une prise de sang au plus vite pour savoir si leur système HLA est compatible avec le mien.

L'infirmière cadre entre dans le cabinet, c'est elle qui va s'occuper de tous les rendez-vous. Nous quittons le docteur, pour la suivre.

Nous entrons dans son bureau, d'une douceur infinie elle me demande si j'ai des enfants. Je lui réponds que j'ai deux filles, elle poursuit sur le même ton et m'explique que la chimio va me rendre stérile, je serai ménopausée rapidement. Elle continue sur les effets secondaires, perte des cheveux et de la pilosité, ongles abîmés, muqueuses irritées, aphtes, diarrhée, constipation, et j'en oublie en chemin. Nous regardons le planning des chimios, je choisis le lundi, si tout va bien, ma dernière chimio sera le lundi 31 décembre ! Elle s'occupe des rendez-vous de prise de sang pour mes sœurs qui semblent être sur une autre planète. Pierre est sur la même planète qu'elles je crois.

Quant à moi, j'écoute, je parle, je souris même avec l'infirmière, je ne réalise pas ce qui se passe.
En la quittant, elle me remet les différents numéros que je dois enregistrer sur mon téléphone, et ne pas hésiter à appeler quelle que soit la raison.

Dans la vie, les vrais pépins, sont ceux qui ne nous ont jamais traversé l'esprit. Voilà ce à quoi je pense, affalée sur mon canapé. Je vais devoir parler aux enfants, cette idée me rend tellement triste...
Pierre me fait remarquer que l'on n'a pas demandé si on pourra avoir une vie intime comme avant. Je ne sais que penser de sa réflexion.
Le lendemain j'appelle le père de mes filles, et lui raconte ce qui va se passer. Je ne supporte pas de gâcher les vacances des enfants, nous décidons de les mettre au courant à leur retour le 15 août (troisième chimio, j'aurai sûrement déjà perdu mes cheveux). Il est soucieux pour Inès qui entre en 6°, pense qu'il est préférable que les enfants vivent chez lui dans un environnement plus sain ! Il va demander à ses parents de venir pour l'assister.

J'appelle l'avocate qui s'occupe de notre divorce, elle me rassure et m'affirme qu'il ne peut agir de la sorte. Je raccroche plus déterminée que jamais pour établir une nouvelle organisation à la maison, tout doit être mis en place avant ma première chimio : fournitures scolaires, trouver un prof de piano à domicile (je ne sais pas si je serai en état de les conduire à l'école de musique), annuler notre séjour à Arcachon fin août réservé deux mois plus tôt, un membre de ma famille disponible un lundi sur deux (jour de chimio) pour s'occuper des enfants.

Mes amies Nattie et Sylvia se proposent d'accompagner Sonia à l'école : l'une fera le matin, l'autre le soir.

J'apprécie d'être si bien entourée, les filles ont l'habitude que je sois toujours là, j'espère que ce changement ne les perturbera pas trop, et puis si j'ai peu d'effets secondaires je continuerai mon train-train comme avant...

Les filles et moi sommes au centre commercial pour les fournitures scolaires et les maillots de bain qu'elles emporteront en vacances dans quelques jours. Nous en profitons pour nous faire un petit resto, elles sont ravies, j'essaie de me détendre.

Dimanche 15 juillet.

Jour de départ pour l'aéroport, les enfants sont excitées, tout est prêt, leur père arrive. Il est temps de leur dire au revoir, je les serre contre moi, et me retiens de ne pas pleurer car je sais que la prochaine fois que l'on se reverra je n'aurai plus de cheveux...

Une semaine avant le Grand Jour, je suis à l'IPC pour mettre ce fameux objet si pratique sous la peau ! Les brancardiers m'accompagnent au bloc mais il est occupé alors nous patientons, j'observe le matériel environnant et je reconnais le PAC que j'avais vu sur Internet. Il est plus petit que ce que je croyais malgré ce constat je ne veux pas qu'il habite mon corps. J'ai envie de quitter ce fauteuil roulant (je ne suis pas encore handicapée) et me sauver loin très loin. Je n'aurai pas le temps, la porte du bloc s'ouvre, je ne veux pas y aller.

Une fois de plus l'infirmière retire ma blouse, m'asperge de Bétadine, c'est glacé, il fait toujours froid dans les blocs on se croirait dans un congélateur. Le chirurgien entre, il m'énerve déjà, je sais que ça va mal se passer. Il fait les mêmes gestes que je connais maintenant (anesthésie, incision), l'anesthésie ne fait pas complètement effet ou bien il n'a pas attendu assez longtemps avant d'ouvrir... Bref, je dois souffler de toutes mes forces pour faire gonfler mes veines et voir si l'appareil est au bon endroit, après plusieurs essais, c'est terminé.

Il me dit que je suis une patiente difficile, je lui réponds que s'il avait attendu un peu plus avant d'ouvrir cela aurait été sûrement moins « difficile ».

Assise dans un fauteuil roulant, équipée du PAC, j'attends les brancardiers en pleurant. Sabine et Sofia me voient sortir de l'ascenseur, je leur fais signe de ne pas venir. J'ai besoin d'être seule et de pleurer. Une infirmière vient me voir et m'encourage à parler. « *Je pense à mes filles, elles sont en vacances je ne leur ai rien dit, à leur retour je n'aurai plus de cheveux. Je ne sais pas comment expliquer à des enfants une chose aussi violente. Maintenant avec ce truc sous la peau, fini les décolletés et les caresses. Je ne maîtrise plus rien, c'est effrayant* ».
Je finis par me rhabiller et rejoindre Sabine et Sofia, qui me réconfortent.
A la maison, mon cahier secret est celui à qui je peux tout confier, je laisse galoper mon stylo, c'est mon échappatoire, mon issue de secours...

Je suis chez Pierre pour quelques jours avant le Jour J, malgré tous les efforts que je fournis pour apprécier le moment présent, ma tête est restée à l'IPC. J'ai très peur de la chimio, peur que mon corps ne soit pas résistant, peur de ne pas être courageuse.

Cécile m'appelle et me demande de regarder une émission en replay qu'elle a vu sur Arte « Jeûne et Cancer ». J'ai envie de lui dire « la chimio ne suffit pas, il faut aussi que je jeûne? » mais son enthousiasme éveille ma curiosité. L'étude, réalisée par une équipe américaine, s'est intéressée aux effets du jeûne chez des souris porteuses de tumeurs cancéreuses. Les résultats ont montré que les cycles de jeûne (quarante-huit heures) avant chaque chimio potentialisaient ses effets. En effet, après vingt-quatre heures de jeûne, les stocks de glucose sont épuisés dans le corps, cela facilite la destruction des tumeurs après une injection de chimio car elles « adorent » le sucre. De plus, le jeûne réduirait les effets secondaires (nausée, diarrhée, vomissement...).

L'émission me laisse perplexe, je me mets aussitôt sur Internet dans l'espoir de trouver des informations supplémentaires, le temps m'est compté je suis à J-3 si je me décide je dois commencer le jeûne demain. Tout ce que je trouve à propos du jeûne est plutôt voire très positif. J'appelle mes sœurs, résume l'émission, elles sont sceptiques mais pas fermées, je n'ai pas le temps d'appeler mon docteur c'est vendredi soir.

La nuit porte conseil, samedi matin début du jeûne, j'ai le droit de boire heureusement. Je n'ai jamais fait de régime, jamais sauté un repas, vais-je tenir quarante-huit heures ?

Samedi soir, Pierre et moi sommes invités à dîner, barbecue, pommes de terre braisées, gâteau.

J'explique le plus simplement pourquoi je jeûne à la dizaine de personnes attablées, je suis impressionnée de ne pas craquer devant les odeurs et les assiettes remplies de bonnes choses.

La pose du PAC a balayé toute vie intime, Pierre me reproche de ne plus voir de désir dans mes yeux, je lui rappelle que dans deux jours je vais devoir me battre, sa libido n'est pas ma priorité. Dans la nuit, malgré une température frôlant les 30°, je claque des dents, je réclame une couverture, Pierre est agacé, il soupçonne même que je le fais exprès. Le lendemain, il me raccompagne à Marseille et pour la première fois on ne s'adresse pas la parole. Je le trouve bizarre, méconnaissable, peut-être n'accepte-t-il pas tous ces changements ?

Il m'appelle le soir en pleurant, il a besoin d'être rassuré. J'hallucine, je lui rappelle que pour une fois c'est moi qui aimerais être apaisée, je n'ai ni la force ni l'envie de le pouponner et ses pleurs m'énervent. Les seules personnes que je doive rassurer sont mes filles, les autres se débrouillent comme elles peuvent.

Je me couche épuisée de cette conversation et angoissée pour demain. Peut-être, n'aurai-je pas la force nécessaire face à la Chose ? Ma petite voix me dit que Pierre n'aura pas le courage de m'accompagner dans cette nouvelle épreuve...

31 juillet, prête à me battre...

En ce lundi matin, je me sens plutôt sereine vu les circonstances, les questions de la veille sont oubliées, je suis confiante et je veux cette première chimio au plus vite. En attendant un VSL (véhicule sanitaire léger) pour 13h, je me prépare doucement car le jeûne me fait tourner la tête. C'est l'heure, la voiture est en bas de ma résidence, mon cœur bat plus vite que la normale est-ce dû au jeûne ou la peur de l'inconnu ? Sabine m'attend à l'IPC, nous nous dirigeons vers un nouveau service, celui de la chimio. Tout d'abord, je dois rencontrer un médecin mais pas tout de suite il y a environ une demi-heure d'attente. Quand vient mon tour, ma sœur et moi entrons dans le cabinet. L'oncologue spécialisé en chimio m'informe que dans les quelques heures suivant l'injection des produits, j'aurai de la fièvre frôlant les 40°. Je ne dois pas être inquiète, c'est normal. En revanche, par la suite si j'en ai je dois consulter. Cela est un motif suffisant pour reporter la chimio suivante. Je prie intérieurement pour que ça n'arrive pas, je veux finir mes chimios en temps et en heure soit le 31 décembre. Après m'avoir fourni trois pages de médocs, (anti nauséeux, pansement gastrique, paracétamol...) prise de sang, infirmière à domicile pour piqûres de Neupogen (stimule la moelle osseuse afin d'augmenter le nombre de globules blancs après une chimio), nous quittons le docteur pour aller à l'accueil de la chimio. Je présente mon ordonnance, l'infirmière confirme qu'il y a environ une heure et demie d'attente et nous indique où patienter.

Une trentaine de personnes (patients et accompagnants) dans la salle attendent leur « cocktail », décidément, le Cancer ne connaît pas la crise !

Des infirmiers viennent régulièrement chercher les patients quand les produits sont prêts, ça n'arrête pas, c'est une vraie usine...

Mon nom résonne dans la pièce, Sabine et moi suivons l'infirmière dans un des huit box (sachant que chaque box accueille environ cinq personnes), un fauteuil incliné m'attend.

Sabine est assise tout près, nous écoutons attentivement l'infirmière masquée, elle m'en tend un et je l'imite. Tout d'abord elle désinfecte mon PAC imbibé d'anesthésiant local, avant d'enfoncer une aiguille de Huber (spécifique aux PAC). Après cette étape, nous pouvons retirer nos masques, les produits vont s'enchaîner : anti-nauséeux, antihistaminique, paracétamol, puis chimio. Au total deux heures et demie de liquides !

Elodie arrive et nous discutons avec légèreté, je constate que je n'ai pas du tout les mêmes sensations que lorsque je faisais de la radiothérapie. Pas de peur, pas de sentiment de solitude, sûrement parce que je suis entourée par mes sœurs et par des étrangers logés à la même enseigne. Sabine nous quitte pour rentrer chez moi et préparer à manger. Après quarante-huit heures de diète, j'ai des envies bizarres de compote, de fruits, de tomate avec du sel, de soupe, j'ai faim !

Tous les produits sont dans mon corps, l'infirmière peut me « débrancher » comme elle dit. J'appelle la société d'ambulance pour leur signaler que j'ai terminé. Je remercie Elodie d'être venue, et me dirige vers mon VSL. A peine installée dans la voiture, je claque des dents et tremble comme jamais, impossible de maîtriser mon corps. Ça dure quinze minutes, le temps d'arriver à la maison où Sabine s'affaire en cuisine.

Je m'installe sur le canapé et déguste une compote comme s'il s'agissait d'un met rare. Jeûner procure des sensations incroyables, on redécouvre le goût des aliments, tous mes sens sont en alerte. Je ne regrette pas ce choix, en espérant tout de même que les promesses seront au rendez-vous !

On sonne, Sabine ouvre la porte, Pierre est là, je suis contente de le voir. Nous nous asseyons sur le canapé, et je lui résume ma journée. La fatigue se fait sentir, je continue la discussion allongée mais j'ai envie de dormir, il me reproche de ne pas l'écouter. Sabine vient dans le salon, prend ma température et dit à Pierre que j'ai 40,2°. Il ne dit plus rien et va bouder devant l'ordi.

Après avoir préparé à manger, ma sœur s'en va puisque Pierre est là, mais veut s'assurer tout de même que je n'hésite pas à appeler s'il y a un problème autre que la fièvre (le docteur nous avait prévenues).

Mes organes sont en train de déménager dans mon ventre, je n'ai pas la force, ni l'envie de manger, le lit m'appelle. Pierre me rejoint, son corps est là mais pas sa tête, il part vers cinq heures du matin.

Le reste de la semaine, je suis chez ma mère qui cuisine tout ce que je souhaite et vérifie si je fais honneur ou pas. Les effets secondaires sont ma hantise, je les guette, mais à part des douleurs digestives qui résistent aux médicaments, rien à l'horizon.

Mes sœurs et moi avons rendez-vous, les résultats de compatibilité sont prêts. Le docteur nous annonce fièrement qu'Elodie est compatible à plus de 90%. Je ne réalise pas la chance que j'ai car ma tête fait un rapide calcul pour en arriver à la conclusion suivante : puisque Sabine n'est pas compatible cela veut dire que s'il lui arrivait la même chose elle n'aurait pas de donneur au sein de la fratrie. Cette idée me tourmente et paralyse tout sentiment de joie, mais le sourire de mes sœurs est contagieux. Nous allons fêter ça au restaurant. L'ambiance est détendue, des amis nous ont rejoint, le resto est plein à craquer et mes sœurs me surveillent comme le lait sur le feu au cas où je ne me sentirai pas bien, finalement c'est un copain, Axel qui nous fait un malaise ! Fallait qu'il se fasse remarquer...

Mon cuir chevelu est douloureux, je sais que très bientôt mes cheveux vont disparaître.
J-2 avant la deuxième chimio, c'est le moment de jeûner, je rentre chez moi, ma mère a rempli sa mission : me nourrir.

Pierre passe le week-end à la maison, mais bizarrement les jours heureux du passé semblent loin, les changements d'attitudes se confirment. Il ose me dire que le scanner révélant mon corps envahi de tumeurs l'a choqué et qu'il a pris conscience de la Chose...
Nous avons une discussion stérile au sujet de notre future vie commune comme si c'était une priorité absolue en ce moment : il souhaite que je vienne vivre à Hyères une fois les traitements finis, je refuse de déménager et d'éloigner les enfants de leur père. Il considère alors que cela ne vaut pas la peine qu'il fasse le garde-malade et les aller retours. Notre relation s'arrête brutalement.

Je ne réalise pas encore que notre histoire est terminée, je pense qu'il a peur, ne sais pas comment faire mais il va revenir, je l'espère. Entendre la voix de mes enfants, me procure une joie immense et apaise un peu ma douleur, j'appréhende tellement leur retour...
Quinze jours sont déjà passés, ma deuxième chimio est prévue pour quatorze heures. Tant mieux cela me laisse la matinée pour me préparer doucement, car le jeûne m'astreint à des gestes au ralenti. En me coiffant, je constate l'inévitable : tous les cheveux coincés dans les boucles sont sur la brosse, je les retire et recommence doucement. La même quantité se retrouve sur l'objet. Je fais la même chose avec mes mains, les cheveux tombent par dizaines. Je les regarde dans le lavabo, immobile incapable de faire autre chose, je ne pense même pas, mes yeux sont hypnotisés par cette masse de

cheveux qui n'est plus sur ma tête mais dans le lavabo. Au bout de trois heures, la cuvette est remplie, j'ai passé la matinée dans la salle de bain. Je reste un moment à m'observer devant le miroir, finalement je me décide.

Je compose le numéro de la coiffeuse de l'IPC, elle me propose de venir cet après-midi pendant ma chimio. Le vsl est au pied de mon immeuble, je prends fébrilement un foulard, j'ai envie de pleurer mais je n'ai pas le temps.

Sabine et Elodie m'accueillent à l'hôpital, elles connaissent ma décision concernant mes cheveux : les raser.

Nous attendons la consultation avec le docteur qui vérifie la prise de sang, renouvelle les ordonnances et note les effets secondaires. Elle remarque que la tumeur située sur la fesse a considérablement diminué, je lui fais part de mon Jeûne et de l'émission que j'ai vue. Peut-être que cela a eu une influence ? Très sceptique, elle considère que seule la chimio a pu avoir un tel effet. Je ne sais pas si elle me prend pour une folle mais du moment que je fais mon protocole de soin, elle n'y voit pas d'inconvénient.

Je suis apte pour ma deuxième chimio, mes sœurs et moi patientons une heure et demie comme la dernière fois. J'en profite pour voir la coiffeuse, je croise le Dr Bernard qui est déjà au courant de la diminution de la tumeur et voudrait voir ça. Nous nous dirigeons vers une salle de consultation libre (je n'ai aucune gêne à exhiber fièrement ma fesse). Il trouve ça surprenant, je lui raconte mon Jeûne, il réagit comme sa consœur. Le fait qu'ils me laissent la possibilité de le faire est déjà énorme. Je le remercie et continue ma quête vers la coiffeuse...

Elle n'est pas disponible pour le moment mais elle viendra me chercher dès que possible.

Le rituel est le même : un infirmier m'appelle, m'installe dans une salle, masque, on me « branche » et les produits s'enchaînent. La coiffeuse fait son apparition, mes sœurs, mon pied à perf et moi la suivons, elle me demande si je j'ai prévu « quelque chose », je lui montre un foulard. Elle demande à mes sœurs de ne pas entrer, d'attendre à côté.

Je m'assieds sur un siège face au miroir, elle me demande gentiment si je suis sûre de vouloir les raser car ils sont longs, peut être qu'une coupe courte sera plus... sera moins... Je réponds qu'ils tomberont quoi qu'il arrive, alors pas de demi-mesure c'est pas mon genre!
La coiffeuse tourne le siège, je ne vois plus le miroir ce n'est pas plus mal... J'entends le bruit de la tondeuse, et sens le massacre. Mes beaux cheveux bouclés tombent petit à petit, les larmes aussi, lorsque le carnage est terminé, je baisse la tête et vois toute ma chevelure morte à mes pieds. Elle débarrasse maladroitement, me demande si j'ai envie de me voir, je n'ose pas parler, elle tourne lentement le siège. Bizarrement je ne me trouve pas moche, juste le sentiment d'être punie, après quelques minutes, je me permets de toucher ma tête, mes doigts effleurent mon crane piquant. Je ne regrette pas de l'avoir fait, la scène de la matinée était trop éprouvante et cela ne se serait pas arrangé.
La coiffeuse m'explique comment mettre le foulard, me donne un prospectus avec les coordonnées d'un magasin pour perruques, foulards, chapeaux spéciaux.

Lorsque j'ouvre la porte, mes sœurs ont les yeux rouges, je leur souris, elles me disent que je suis jolie et nous retournons dans la salle retrouver l'infirmier.
Elles me demandent si je souhaite porter une perruque, je leur réponds non, je veux mes cheveux, j'attendrai patiemment. Alors nous commençons à regarder sur Internet, foulards et chapeaux en tous genres. Je vais apprendre sur Youtube les différentes manières de porter un foulard. Je vais en avoir une collection impressionnante, ils deviendront mes nouveaux cheveux et m'aideront à garder la tête haute. Mes sœurs m'offrent les deux premiers en soie.

De retour à la maison, je m'empresse de me doucher, je me sens sale, lourde de tous ces produits dans mon corps. J'ai du mal à toucher mon crâne mais faut bien que je le lave. Des sensations nouvelles apparaissent, j'ai très vite froid à la tête, je me dépêche de la sécher et de la réchauffer avec mon foulard.

J'apprécie de rompre le Jeûne avec des produits frais et légers, la diminution de la tumeur sur la fesse me motive davantage pour continuer cette diète.

J'épie les moindres effets secondaires mais à part des maux de ventre rien de terrible, tant mieux, nous profitons malgré tout de l'été avec mes sœurs et ma mère pour aller à la plage en fin de journée et pique-niquer. J'apprécie tous ces moments simples mais tellement agréables, ça fait du bien. Avoir mes filles au téléphone, me réjouit...

Finalement Pierre me fait plus de mal que la chimio, j'ai une colère immense. Je ne veux pas et ne cherche pas à oublier tous ces souvenirs, ils sont si beaux, j'en ai besoin. Il me manque tellement, je pense à lui tout le temps, j'ai l'impression d'être en cure de désintox. Je rêve de le toucher, de le sentir, de le voir, de le caresser. J'imagine qu'il me console, m'apaise me prend dans ses bras mais non rien de tout ça. Dans mon lit, il n'y a que moi, il n'est pas là pour essuyer mes larmes. Tant pis, cela me donne une raison supplémentaire pour me battre, je veux qu'il me voie quand tout sera fini, je veux qu'il regrette de m'avoir quittée.

Malgré les médocs, les maux de ventre m'obligent à rester très souvent couchée les premiers jours suivants la chimio. Sabine insiste pour que je rencontre un Chinois qui a la réputation de soulager pas mal de douleurs. Mon esprit cartésien ne laisse pas de place pour une médecine autre que la traditionnelle, mais j'accepte tout de même.

Le Chinois vient quelques jours plus tard, m'examine, me questionne comme un médecin sauf qu'il ne me donne pas de médicaments, Sabine ira chez lui récupérer un sachet de plantes séchées.

Je bois l'infusion de ce mélange de plantes tout au long de la journée, et vingt-quatre plus tard, plus de maux de ventre. Faut bien reconnaître que ça marche.

Lors de ma troisième chimio, j'explique à l'oncologue le Chinois et les plantes, eh bien à ma grande surprise elle veut connaître la composition et la note sur un cahier. Elle paraît très intéressée et souhaite partager ces infos avec ses collègues. Une chimio de plus, allez plus que neuf...

Les enfants vont rentrer dans quelques jours, mon angoisse devient de plus en plus soutenue, je prépare un discours adapté à leur âge, puis le lendemain je me dis ça ne va pas je change. Je suis perdue. La veille de leur arrivée, mon ex-mari m'appelle et m'informe qu'il vient de dire la vérité aux enfants. Je suis incapable de savoir s'il a bien fait ou pas, j'attends désormais leur arrivée avec impatience pour les rassurer et leur montrer ma détermination.

Le lendemain chez ma mère avec mes sœurs nous guettons l'arrivée des filles, je suis maquillée, coiffée d'un foulard léopard, je porte des créoles et une robe qui j'espère cache quelques kilos perdus. Enfin là, elles se jettent dans mes bras, on s'étreint longuement puis après avoir raconté leurs vacances à la famille, je décide de leur parler en privé.

Nous sommes assises toutes les trois sur mon lit de jeune fille, et je leur explique pourquoi je n'ai pas voulu gâcher leurs vacances en annonçant ma rechute. Sonia est intriguée par mon foulard, elle veut voir mes cheveux je lui dis non. Inès me demande pourquoi la chimio et pas la radiothérapie comme la première fois ? « Eh bien quand il y a une tache sur le sol, on prend une éponge pour la faire disparaître mais quand il y en a plusieurs on prend la serpillère pour tout nettoyer. »

Inès : tu as plein de boules?

— Oui, c'est la raison pour laquelle la chimio sera plus efficace.

Douze chimios sont prévues mais j'en ai fait déjà trois et je vais bien !

Inès : c'est plus grave cette fois ?

— Oui, après les chimios, en janvier je resterai à l'hôpital deux mois, j'aurai une greffe. Elodie me donnera des cellules qui sont en bonne santé et je serai guérie.

Inès : tu as perdu tes cheveux ?

— Oui, c'est pour ça que j'ai un foulard.

Inès : tu ne vas pas mettre de perruques ?

— Non, je veux mes vrais cheveux, ça repoussera après.

Sonia : si tu veux on peut te prêter nos perruques de déguisements.

— La perruque bleue, génial je ressemblerai à Lady Gaga !

Sonia : maman, enlève ton foulard.

Je baisse légèrement la tête pour ne pas croiser leurs regards et enlève lentement le foulard, pour ne pas les choquer peut-être. Inès ne dit rien, Sonia pose sa main sur ma tête et me dit : » je vais couper de mes cheveux pour les coller sur ta tête. » Je la prends dans mes bras, j'ai terriblement envie de pleurer. Je redoutais la question « est-ce que tu vas mourir ? » Mais à la place on s'est enlacées, on s'est embrassées, on s'est réchauffées...

Mes sœurs et ma mère sont rentrées dans la chambre, l'atmosphère s'est allégée, on a dîné, discuté de tout de rien.

Nous profitons des derniers jours de vacances en famille : plages, pique-niques, balades, shopping, soirées estivales avec les amis.

Dix jours après les chimios, j'ai droit à une injection de Neupogen (le fameux facteur de croissance pour stimuler mes globules blancs afin d'être prête pour la chimio suivante) par une de mes sœurs ou mon infirmière quand je suis chez moi. Les sensations sont étranges, inquiétantes, j'ai mal dans les genoux, le bas du dos, des douleurs parfois à la limite du supportable.

Le week-end précédent ma quatrième chimio, j'explique aux enfants le jeûne, je sais pertinemment qu'elles auront du mal à assimiler mais je suis bien obligée de parler de ma diète. Cette semaine s'annonce chargée, lundi chimio, mardi rentrée de Sonia en CE1 et Inès mercredi en 6°. J'espère que je serai en forme...

Lundi après-midi, prête pour la consult avant la chimio, toujours pas de fièvre, pas malade, tant mieux je ne veux pas manquer une séance! Un immense sentiment de force m'envahit comme si chaque chimio me rendait plus forte, bizarre comme émotion. Cependant, l'oncologue calme mes ardeurs en me demandant de réduire mon Jeûne : vingt-quatre heures au lieu de quarante-huit car j'ai perdu cinq kilos.

Durant mes chimios, je rencontre des gens de tous horizons, des personnes très intéressantes d'autres moins mais nous partageons une chose commune, le Cancer. De ce fait, nous parlons de sujets très personnels que nous n'osons pas aborder avec nos proches même les plus intimes. Cette proximité avec ces inconnus me fait du bien, on se comprend, parfois les regards, les gestes suffisent à exprimer davantage que des mots.

En observant les malades et leurs proches, je comprends un peu mieux l'attitude de Pierre. J'ai appris que des couples amoureux depuis plusieurs années se sont séparés. Ce n'est pas si facile pour le conjoint ou la conjointe de voir l'autre se dégrader, s'abîmer, changer de comportement, de physique, d'humeur...Un homme d'une cinquantaine d'années avec qui j'ai lié connaissance me l'a avoué. J'avais vu son épouse au début des séances et puis quelques semaines plus tard il venait seul. Si des couples n'ont pas tenu le choc après des années de vie commune, ma relation toute neuve avec Pierre n'avait pas le moindre espoir... Le temps apaisera ma colère et ma souffrance, il me faut être patiente, on me le rabâche sans cesse à l'hôpital ! La maladie fait peur, elle fait peur à tout le monde mais je crois qu'elle fait encore plus peur à ceux qui ne sont pas malades. J'ai vu aussi des conjoints plein d'amour, notamment un mari qui refaisait le lacet de la chaussure de son épouse pour qu'elle n'ait pas à se baisser. Un autre environ quatre-vingt ans qui tenait à peine sur ses jambes mais qui voulait absolument serrer la main de sa femme allongée sur un brancard. Les émotions les plus douces côtoient les plus violentes, c'est tout le paradoxe de la Chose. Je suis certaine aujourd'hui que dans la vie rien n'est acquis, tout peut être remis en question du jour au lendemain. Cette épreuve m'affaiblit physiquement en revanche je suis plus déterminée que jamais à être plus belle et plus forte qu'avant. Les jours suivants la chimio me fatigue de plus en plus, je profite de la deuxième semaine avant de recommencer une nouvelle séance pour marcher, voir mes amis, faire du yoga (une discipline que je ne connaissais pas et qui m'apporte du bien-être) ainsi que de l'acupuncture. Mon esprit cartésien devient plus souple !

Plus que cinq, je voudrai être déjà à la douzième chimio ! Ça devient difficile, moral et physique ne sont pas au beau fixe, je mange par obligation mais sans aucun plaisir, un sourire de façade me permet de camoufler une fatigue quasi permanente. Pierre hante mon esprit sans relâche, la plupart du temps j'utilise cette obsession pour me permettre d'avancer, mais parfois ça ne marche pas... Alors dans ces moments-là, je pense à cette chance inespérée d'avoir ma sœur compatible, je n'ose pas imaginer si cela n'avait pas été le cas l'issue de mon scénario. Cogiter sur la greffe est prématuré, mes chimios me demandent tant d'énergie, mais plus le nombre de séances diminue plus mon angoisse de l'après grandit.

Le soutien d'un pédopsychiatre est prévu prochainement afin de préparer les enfants à ce sujet. Il aura sûrement les mots que je n'ai pas pour expliquer tout ça.

La solitude s'invite dans mon lit tous les soirs quand je pleure, et peu à peu je la retrouve aussi dans la journée, malheureusement je m'habitue à l'avoir près de moi.

La peur s'installe sans gêne, s'éloigne à de rares occasions mais jamais bien loin. Très souvent une citation me revient à l'esprit en guise de bouclier contre ce parasite « Malgré la peur, n'ayez pas peur d'avancer ».

Des projets qui me tiennent à cœur me motivent chaque jour, je veux acheter un appartement dès que mon ex et moi serons divorcés, profiter de tous les bons moments de la vie en famille, et avec mes amis. Je veux voir grandir mes filles, voyager avec elles, découvrir toutes ces merveilles que l'on ne connaît pas. J'ai encore beaucoup de choses à leur montrer, à leur apprendre, je ne peux pas partir maintenant...

9e chimio : ma motivation concernant le Jeûne a disparu, j'arrête. Je ne suis pas fière mais je n'ai pas réussi à trouver la force nécessaire pour continuer cette diète. L'oncologue me prescrit une série d'examens pré-greffe à passer la semaine prochaine. Cette chimio est particulière, je ne l'oublierai jamais, elle tombe la veille de mes 39 ans. Mon infirmier préféré s'occupe de moi (masque, branchement et Cie...) puis il disparaît. Lorsqu'il revient, c'est avec plusieurs parts de gâteaux achetées au Relais H pour moi ainsi que les personnes qui partagent le même box.

Cette attention m'émeut au plus haut point, il fait plus que son métier, je dis souvent de lui que c'est un rayon de soleil.

Les jours suivants sont semés de rendez-vous tout d'abord avec le pédopsy que je vois sans les enfants pour la première consultation. Le dialogue démarre gentiment, il me pose des questions concernant la maladie, les chimios, le père des enfants, Pierre, mon père. J'ai l'impression qu'on s'écarte du sujet mais bon c'est lui le professionnel. Enfin nous parlons de la greffe, il me demande ce que je sais du déroulement et ce que j'ai dit aux enfants. « J'ai expliqué aux filles que fin janvier, je resterai à l'hôpital environ deux mois pour recevoir la greffe de moelle osseuse d'Elodie. C'est délicat, je serai très sensible à tous microbes pour cette raison je serai dans une chambre stérile. » Son attitude est indéchiffrable, pendant un moment il m'observe puis il me demande sans préambule « est-ce que vous avez dit à vos enfants que vous risquez de mourir ? » Je mets un moment à me relever de cet uppercut pour enfin balbutier des bribes de phrases « comment dire ça à des enfants ? » Il me propose de revenir mercredi prochain avec les enfants cette fois. En sortant de son cabinet, malgré les effets secondaires de son coup de poing, j'arrive je ne sais comment à rentrer chez moi !

Je trouve ses propos d'une violence inouïe mais peut-être ne suis-je pas objective, je décide d'appeler ma mère, mes sœurs puis mes amies. Toutes sont stupéfaites par le discours. J'annule le rendez-vous de mercredi prochain, pas question qu'il parle de cette façon à mes filles. Cependant, je me tourne vers la psy de l'IPC que je consultais lors de mes séances de radiothérapie, je lui relate l'entretien avec le pédopsy. Elle confirme qu'il a des manières un peu directes mais assure qu'il n'aurait pas eu le même comportement avec les enfants. Je préfère ne pas prendre le risque, je sais que je trouverai les mots justes quand on s'approchera de l'hospitalisation. Une chose à la fois, pitié.

Je fais la connaissance de mon médecin greffeur en consultation, elle m'explique le déroulement de la greffe : mon hospitalisation aura lieu le 21 janvier, encore un uppercut, ce sera l'anniversaire d'Inès! Tout d'abord une semaine de chimio intensive afin de détruire totalement mon système immunitaire, c'est la raison pour laquelle je serai en chambre stérile car je n'aurai plus aucune défense. Cette étape est primordiale pour accueillir un nouveau système immunitaire. Ensuite, je recevrai la greffe de moelle osseuse. En théorie, il s'agit d'injecter les cellules souches d'Elodie dans mon organisme par le cathéter comme lorsque je fais mes chimios. Ça m'a l'air simple et pas invasif, j'avais peur d'une nouvelle cicatrice taille XL... Puis il faudra un minimum de six semaines pour que mes globules se remettent en route et qu'il y en ait suffisamment afin de pouvoir quitter l'hôpital. De retour à la maison, pendant trois mois, une hygiène irréprochable et des précautions en tous genres seront obligatoires. Pour finir, elle m'informe des risques de la greffe, notamment du rejet appelé GVH (réaction du greffon contre l'hôte).

Cela peut se manifester dans les heures ou les semaines suivant la greffe, elle est dite aiguë quand elle apparaît avant le centième jour post greffe. Les attaques peuvent se situer sur la peau, le tube digestif ou les poumons. Sans médicaments adaptés, le rejet peut entraîner la mort. Le médecin me rassure aussitôt en me rappelant que j'ai deux atouts non négligeables ma sœur compatible à plus de 90% et mon jeune âge !

Elle continue son discours, mince le chapitre Risques n'est pas fini ! Après les cent jours, la gvh est dite chronique. Ça, ça me plait pas du tout, « cela veut dire que j'aurai des problèmes à vie ? » je ne sais pas si ma question est bête mais c'est ce qui est sorti de ma bouche. Elle me répond que la gvh chronique n'a pas de caractère récurrent et régulier, contrairement au terme employé pour la qualifier, elle peut survenir de façon sporadique et imprévisible. On peut faire une gvh chronique sans pour autant avoir fait une gvh aiguë. En gros, j'ai pas fini de me faire du souci.

De son côté, Elodie a une consultation avec son médecin greffeur, on ne peut pas avoir le même, j'ai cru comprendre que chaque médecin défendait les intérêts de son patient (comme les avocats). Elle me résume son rendez-vous, après quatre jours de piqures de Neupogen (le fameux facteur de croissance pour stimuler les globules blancs) deux fois plus dosées que celle que je fais tous les quinze jours Elodie sera prête pour le prélèvement. Elle viendra à l'IPC le 28 au matin soit une semaine après ma super méga chimio en salle de cytaphérèse, perfusée aux deux bras. La première perfusion prend le sang aspiré par une machine qui trie les cellules souches puis réinjecte le sang dans l'autre bras. Logiquement, cette opération dure environ trois heures, mais Elodie pèse moins de cinquante kilos donc cela se fera sur deux jours à raison d'une heure et demie à chaque fois afin de ne pas trop fatiguer son corps.

Je me sens mal à l'aise de savoir ce qui l'attend et je n'ose pas lui dire que le Neupogen va lui faire connaître des sensations intenses...

Quelques jours plus tard Elodie a rendez-vous au Tribunal de Grande Instance. L'PC doit informer l'administration de toute démarche de don d'organe. Le juge responsable du service des greffes reçoit ma sœur, il lui explique que c'est la procédure habituelle, car le don de moelle osseuse est classé dans la même catégorie que le don d'organe. Il pose une série de questions, tout d'abord à savoir si elle est bien renseignée concernant le déroulement de la greffe. Elodie étant infirmière, le Juge n'insiste pas beaucoup sur cet aspect, les questions suivantes sont orientées sur la famille. Comment vit-elle le fait d'être compatible et pas sa sœur ? Quel rapport entretient-elle avec sa sœur malade ? A-t-elle subi des pressions familiales pour sauver sa sœur ? Lui a-t-on proposé de l'argent, car le don d'organe est un acte gratuit ? Si la greffe ne marche pas comment réagira-t- elle ? Pour finir, Elodie signe une décharge résumant qu'elle est en pleine possession de ses moyens et qu'elle a reçu toutes les informations nécessaires.

Toutes ces questions pertinentes me font réaliser qu'Elodie aurait pu ne pas accepter de le faire malgré sa compatibilité. Notre éducation, la valeur que représente la Famille et l'amour que nous avons les unes pour les autres ne nous permettent pas d'envisager cette possibilité.

Tout le monde n'a pas cette chance, j'apprendrai plus tard en salle d'attente qu'un homme attend un donneur anonyme car son frère a refusé de faire la greffe.

10e chimio : plus que deux, je suis autant ravie d'avoir parcouru tout ce chemin, qu'anxieuse pour la suite. Allongée sur mon fauteuil super confort, mes veines se remplissent de liquides autant destructeurs que nécessaires, je suis fatiguée, je n'ai pas très envie de parler et mon infirmier préféré n'est pas là. Des patients parlent aimablement de tout de rien avant d'aborder des discussions sordides au sujet de la Chose, dans ces cas-là, je sors immédiatement mon arme secrète, mon IPod et j'enfonce les écouteurs dans mes oreilles.

On dirait que les malades prennent un malin plaisir à vomir leur mal être, ils semblent faire un concours, qui dira la pire anecdote ? Combien de fois j'ai entendu « c'est votre premier cancer ? » T'as juste envie de lui enfoncer sa chimio dans la bouche et de lui répondre « comme ça t'arrêteras de dire des conneries ».

A bout de nerfs, traînant mon pied à perf, je me promène un peu dans les couloirs, j'observe une dame d'un certain âge, une bénévole sûrement, qui propose des bonbons, des sourires et des discussions. Je la trouve parfaite dans son rôle, elle est chaleureuse et je suis attirée. Nous faisons connaissance, Sarah me raconte sa présence ici, ce n'est jamais par hasard que l'on se retrouve dans un hôpital. De la famille et des amis touchés par la Chose, l'ont guidée peu à peu dans ce lieu.

Moi aussi j'ai envie d'apporter quelque chose, je me surprends à lui parler d'une idée qui devient de plus en plus claire dans ma tête : ouvrir une garderie pour les enfants des patients, le temps d'une consultation.

Je me sentirai utile, j'aurai vraiment l'impression que mon métier a un sens. Souvent j'ai dû laisser mes filles seules pour mes séances de radiothérapie, je suis certaine que d'autres parents ont rencontré la même problématique. Sarah trouve l'idée formidable et m'encourage à me renseigner.

Carine, l'infirmière cadre qui coordonne tous les rendez-vous depuis le début, m'appelle pour me prévenir d'un nouvel événement : la pose d'un cathéter. Je n'ose pas rigoler, mais je me dis qu'elle ne doit pas être bien réveillée ce matin.

« Carine, vous vous trompez j'ai déjà un cathéter pour mes chimio ! »

— Je sais, mais pour la greffe il en faut un autre, un qui n'a jamais servi.

Mon silence l'oblige à donner des précisions.

« Vous irez au bloc comme vous l'avez fait pour le port à cath, le chirurgien fera une petite incision pour insérer un cathéter externe.

— Externe ? Je ne comprends pas.

— Un embout dépassera, il sera fermé hermétiquement par un pansement, il ne faudra jamais le mouiller.

Un besoin d'hurler me démange, pourtant je raccroche posément et imagine un tuyau en plastique sortant de mon corps. J'en peux plus, crevée, je veux dormir, oublier...

Les fêtes de fin d'année approchent à grands pas, les enfants s'impatientent, les décorations de Noël, les sapins illuminés, et la perspective d'être en famille me réchauffent le cœur. Cela me rebooste pour faire ma onzième chimio, j'aperçois la fin du premier tunnel. Pour occuper les six heures à l'IPC, je rends visite à Carine l'infirmière cadre. On reparle rapidement de notre dernier entretien téléphonique, puis je change de sujet pour en venir à ce qui me travaille depuis quelques temps. Etant donné que Carine a fait toute sa carrière dans cet hôpital, elle pourra répondre à ma question. Je lui parle de mon envie de créer une garderie pour les enfants des patients, je lui demande si elle a déjà entendu parler d'une idée similaire ? Elle me répond que non et pense que ce serait un très beau projet. Je quitte son service avec la conviction que mon idée n'est pas absurde.

Mes courses de Noël se font en ligne, quelle bénédiction d'avoir Internet, ne pas être obligée de subir la foule, l'attente et les microbes ! Le réveillon s'annonce bien, mes filles et moi sommes chez ma mère avec mes sœurs, mon neveu Mathis et quelques membres de la famille. Tout le monde sort le grand jeu, les enfants exhibent fièrement leurs tenues et les grands sont très élégants. Pour ma part, je passe de plus en plus de temps dans la salle de bain à retaper mon visage   avec du maquillage, à masquer ma perte de poids avec une robe ample et orner ma tête d'un foulard. Sonia me dit « maman tu es la plus belle du monde avec ton foulard léopard ».

C'est ça les enfants, ils ont le pouvoir de vous faire croire que vous êtes une reine, je prends !

La soirée s'achève dans la joie avec l'ouverture des cadeaux, tous ces visages souriants me donnent de l'énergie, je les imprime dans mon cerveau, ils me seront bien utiles plus tard...

Le lendemain, Inès et Sonia vont chez leur père pour la suite des vacances, je suis toujours triste de les voir partir, ce jour-là davantage sûrement parce que c'est Noël. Je me console en comptant les jours qui me séparent de ma dernière chimio.

Lundi 31 décembre.

Je n'arrive pas à croire que je suis à la fin du tunnel (enfin du premier!). Excitée, fière, souriante, droite, je me dirige vers les différentes salles avant de m'installer sur le fauteuil pour ingurgiter ma dernière potion. Mon énergie est telle que je ne peux m'empêcher de la partager avec les autres patients. Je veux qu'ils sachent qu'il y a une fin, je veux qu'ils voient de l'espoir, je veux qu'ils voient autre chose que toutes ces choses horribles que j'ai vues et entendues.

J'aurai tellement aimé voir de la lumière. Mon infirmier préféré est présent, mon rayon de soleil, ma seule lumière dans le département de chimio c'était lui. Je ne lui dis pas peut-être par pudeur mais je vante toutes ses qualités professionnelles et humaines, il bafouille des remerciements. Je quitte l'hôpital parmi les derniers patients, lourde de tous les liquides dans mon corps mais soulagée de finir le premier chapitre...

Le vsl me dépose chez ma mère, mes sœurs ont prévu de passer la soirée chez Axel un copain infirmier, il y aura du monde, je n'ai pas envie de sortir mais c'est le 31 faut fêter ça ! Je ne regrette pas, je papote un peu sur le canapé avec les copines de mes sœurs, je regarde les autres danser, Sabine, Elodie et ma mère ont l'air soulagées aussi, ça m'allège un peu. Minuit arrive, on se souhaite la bonne année et tous les souhaits qui vont avec...

A partir du 1er janvier 2013, je compte les jours qui me rapprochent de la Greffe. Une réunion est prévue dans une semaine avec des membres de l'IPC (infirmiers, médecins, diététicienne, psychologue), ma famille, le père des enfants et moi afin de discuter de mon séjour en unité de greffe.

Je profite de ces quelques jours de répit pour prendre soin de mes filles, les câliner, leur faire plaisir, je culpabilise tellement...

Elodie téléphone pour me proposer de partir à la montagne quelques jours chez sa copine Camilla, j'hésite, la pose de mon cathéter est prévue le 16, mon admission le 21. Pas question de partir sans mes filles je veux profiter d'elles au maximum, ça veut dire qu'elles rateraient l'école. Je réfléchis une demi seconde mais oui ça ne peut pas mieux tomber, les profs seront compréhensifs. Finalement Sabine, mon neveu Mathis, Axel et son frère Jean Chri seront là aussi, je suis trop contente trois jours de bon air...

Mercredi 9 janvier.

Mes sœurs, ma mère, mes filles, mon ex-mari, mon amie Sofia et moi sommes accueillis par l'équipe de l'unité de greffe pour la réunion. Les membres se présentent tour à tour, infirmière cadre, oncologue, psychologue, diététicienne. J'avoue que je ne comprends pas trop la présence de la dernière mais on va rapidement m'expliquer son rôle. L'infirmière en chef prend la parole, elle explique que le but de cette réunion est de permettre aux proches et à moi-même d'avoir toutes les informations concernant le protocole autour de la greffe. La chambre stérile est incontournable puisque je serai sans défense, tous les visiteurs seront vêtus de papier gratt gratt avant d'entrer dans la chambre, s'ils sont malades pas de visite. Le lendemain de mon arrivée, j'aurai une semaine de chimio qui aura pour but de détruire mon système immunitaire, ensuite je recevrai la greffe sur deux jours en intraveineuse grâce à mon nouveau cath. Enfin il me faudra le temps nécessaire pour récupérer suffisamment et être capable de sortir de la chambre stérile.

L'oncologue poursuit, des prises de sang et des visites quotidiennes seront prévues pour vérifier la quantité des globules, plaquettes, poids, urine, etc...

La diététicienne enchaîne sur l'alimentation, elle nous parle « d'alimentation protégée », c'est la première fois que j'entends ça. Mon état de santé ne permettra pas que je mange les repas plus sympas proposés dans les autres services, en unité de greffe les repas sont spéciaux et préparés au dernier moment pour éviter les bactéries. Elle me remet un livret avec les aliments interdits et autorisés auxquels j'aurai droit quand je quitterai l'hôpital. Les pages sont nombreuses, les interdictions aussi il faut que je mange tout ce qui me fait plaisir très vite parce qu'après ça rigolera pas !

Pour finir la psychologue nous rappelle qu'elle est là à tout moment et que l'on ne doit pas hésiter à la solliciter car c'est une épreuve difficile pour le malade et les proches.

Nous sommes restés immobiles buvant chaque parole, l'équipe nous encourage à poser des questions. Ma mère n'en pose pas mais elle remercie le personnel et affirme qu'elle est persuadée que tout se passera bien. Inès lève la main « je voudrais savoir si maman peut rentrer à l'hôpital le 22 au lieu du 21 parce que c'est le jour de mon anniversaire ? » Il y a un silence à ce moment-là je ne sais pas comment réagissent les autres mais moi j'ai une terrible envie de pleurer. Cela avait été difficile de dire à mes filles que j'irai à l'hôpital le 21 mais à part leurs visages tristes, elles n'avaient rien dit. Je réalise à ce moment-là à quel point elles ont pris sur elles, cette demande n'est pas un caprice et l'infirmière cadre accepte. Nous sommes contentes, mes sœurs demandent s'il est possible que je parte quelques jours à la montagne après la pose du cath, rappelant qu'elles sont infirmières et qu'elles pourront me changer les pansements si besoin. Elle accepte aussi. GENIAL. Elle me tend un classeur avec la liste des choses que je peux mettre dans ma valise, des documents avec un tas de recommandations sur l'hygiène, les visites, les risques de rejets...

Mon ex est resté silencieux depuis le début, impossible de savoir ce qu'il pense. Je lui avais demandé de venir, il m'avait répondu « est-ce nécessaire ? « Je lui avais rappelé que nous avions des enfants en commun et qu'il serait juste qu'il soit présent et puis s'il y avait des complications, il serait seul maître à bord avec les enfants...

Une fois la réunion terminée, nous allons boire un verre au relais H excepté mon ex qui dit au revoir aux enfants et retourne à son travail. L'ambiance me semble détendue ou bien ma famille cache bien son jeu, l'idée de partir quelques jours à la montagne et de savoir que je serai avec mes filles le 21 effacent à cet instant toute angoisse.

J'ai l'impression que le temps qui me rapproche de la greffe avance beaucoup trop vite à mon goût, j'achète des caleçons, des tee-shirts colorés pour l'hôpital pas question de rester en pyjama pendant deux mois, un oreiller et plusieurs taies car le linge devra être changé tous les jours. Les professeurs des enfants sont compréhensifs de leur prochaine absence, ils nous souhaitent de bien en profiter. Je m'occupe de compléter les tenues de ski pour les filles et pour moi aussi, faut que je sois bien au chaud il manquerait plus que je tombe malade et que la greffe soit repoussée. Non, je ne veux rien retarder, j'ai réussi à faire mes douze chimios sans avoir de fièvre alors je vais continuer comme ça.

Chaque jour je dévore mes filles du regard, je leur parle de sujets que je n'avais jamais eu l'occasion d'aborder jusqu'à présent ou bien croyant que j'avais largement le temps de le faire. Nous parlons de la famille, de son importance je leur répète qu'elles doivent veiller l'une sur l'autre, être bienveillantes. Elles savent que je mets mes sœurs sur un piédestal, et que je souhaite qu'il en soit ainsi entre elles. J'apprends à Inès à se couper les ongles elle-même, jusqu'à présent c'est moi qui le faisais. Je me suis transformée en moulin à paroles, frustrée de ne pas pouvoir tout leur apprendre sur la vie en quinze jours.

Je réalise à cet instant que j'intègre l'idée de partir peut être plus tôt que prévu...

Lundi 14 janvier.
Un tep scan est prévu. Le même que j'avais passé en septembre 2011 pour confirmer la masse. Pose d'une voie veineuse, injection d'iode (le personnel est cagoulé, masqué, ganté) c'est radioactif ! Je ne suis plus à un poison près. Ensuite vingt-cinq minutes de scanner. Total de l'exam deux heures quand il n'y a pas de retard ! Une collation dans la salle d'attente me fait patienter en attendant qu'un docteur m'annonce le résultat. Verdict : plus de tumeurs. Cool.

Mercredi16 janvier.
Implantation du cathéter externe. Externe ce mot m'avait interpellée quand l'infirmière l'avait prononcé. Ça veut dire qu'un tuyau au-dessus de ma poitrine sera visible.

Les enfants sont partis pour l'école, mon amie Nattie est venue prendre Sonia comme tous les matins, j'attends anxieusement l'ambulance pour mon rendez-vous. Les ambulanciers sont sympas je commence à les connaître, j'essaie de me détendre mais ça ne dure pas, à peine arrivée à l'IPC l'inquiétude revient.
Après m'être présentée au service chirurgie de jour, je patiente dans la salle d'attente, une infirmière viendra me chercher. Très vite tous les souvenirs tapent à ma porte, je ne peux les refouler. Je me revois la première fois ici-même pour le myélogramme avec Elodie, moins d'un an après j'étais là encore pour la pose du port à cath pour mes chimios avec Sabine et Sofia et maintenant le cath pour la greffe. Je n'arrive plus à penser, ma tête est pleine de ces souvenirs, je voudrais pouvoir effacer ma mémoire comme on efface celle d'un disque dur.

Une infirmière vêtue de papier gratt gratt semble m'avoir déjà appelée mais je ne l'ai pas entendue, je m'excuse, elle me sourit, je la suis dans la pièce prévue pour se changer. Prête, habillée de papier gratt gratt, les brancardiers me conduisent au sous-sol, les mêmes scènes se répètent c'est insupportable. Ils m'invitent à m'assoir sur le fauteuil roulant en attendant mon tour, je m'exécute mais j'ai envie de le casser ce fauteuil. Au même moment, la porte du bloc s'ouvre, l'infirmière se présente et m'installe sur la table. Il n'y a rien de chaleureux dans les blocs opératoires sauf les infirmières, les chirurgiens sont tellement concentrés sur leur boulot qu'ils nous regardent à peine enfin pas tous heureusement, quelques-uns n'ont pas oublié les mots sensibilité et empathie.

Celui qui se présente me convient, il m'explique son travail, une petite incision au-dessus du sein gauche car le droit est déjà pris !!! Ensuite un tube sera relié à une veine, l'autre extrémité dépassera mais sera protégée par un pansement.

Go c'est parti, anesthésie, incision, pose du cath, vérification, points de suture, pansement, c'est fini. Le chirurgien insiste bien sur le fait que le pansement ne doit pas être souillé et qu'il devra être changé dans deux jours (ce sera donc une de mes sœurs qui s'en chargera), me souhaite une bonne journée et disparaît. Je quitte le bloc et le fauteuil roulant me nargue encore mais je suis contente qu'il soit là, je m'assois lentement ma tête tourne. La dame qui fait le ménage sans relâche m'adresse quelques mots, trop fatiguée pour répondre je souris sans savoir ce qu'elle m'a dit telle une cruche. Les brancardiers me ramènent au premier étage dans la pièce où je me suis changée. L'infirmière m'accompagne à mon box, je m'allonge sur le lit et attend une bonne heure avant de prévenir l'ambulance pour mon retour.

Aussitôt arrivée chez moi, je me dirige dans la salle de bain, me déshabille pour voir le résultat, mais tout ce que je vois c'est un énorme pansement, faudra attendre que mes sœurs le change pour découvrir le tube. Tristement j'observe toutes les marques sur mon corps depuis la Chose, biopsies, cicatrices, myélogramme, port à cath et maintenant cath externe. Je n'ai pas d'amoureux finalement ce n'est pas plus mal, comment oser montrer un corps abîmé.

Je m'éloigne de plus en plus de la femme pour me rapprocher de la poupée Chucky...

Il me reste un peu de temps avant le retour des enfants, je vais m'allonger un peu pour être en forme quand elles rentreront.

Sylvia dépose Sonia, je lui fais un coucou par la fenêtre et la remercie, ça me soulage de ne pas avoir à aller à l'école tous les jours. Tout en mangeant son goûter elle me raconte sa journée, surexcitée à l'idée de partir demain à la montagne. Inès arrive au même moment, et sa bonne humeur est liée aussi au départ imminent. Nous finissons de préparer nos bagages, nous partons seulement trois jours mais ma trousse de toilette, les pansements, les désinfectants, les médocs prennent pas mal de place dans la valise.

Jeudi 17 janvier.

Sabine vient de bonne heure nous chercher, Mathis dans son siège auto est aussi excité que ses cousines qui le rejoignent dans la voiture, nous avons rendez-vous avec Elodie, Axel, Jean Chri et Camilla. Après les salutations, les bagages des uns et des autres chargés, nous roulons vers la Clusaz, l'ambiance est joyeuse, on papote de tout de rien, je savoure ces moments. Nous nous arrêtons le temps d'une pause déjeuner, puis nous repartons, les enfants veulent arriver au plus vite et nous aussi ! Le village de la Clusaz est magnifique, on est loin des usines à ski, ici tout est à l'échelle humaine, les chalets de-ci, de là couverts d'une énorme épaisseur de neige sur les toits, la fumée qui sort des cheminées, les sapins saupoudrés de blanc, quel plaisir pour les yeux et le cœur. Nous arrivons dans l'appart de Camilla, qui remet la maisonnée en route, pendant que les autres déchargent les bagages. Je profite de cet instant avec elle pour la remercier chaleureusement de nous recevoir malgré les circonstances, son père était en phase terminale d'un cancer, il est décédé il y a dix jours. D'après Elodie, elle avait besoin de prendre l'air et ne voulait pas annuler cette escapade...

Après un bon thé pour nous réchauffer, nous décidons de dîner dehors, nous visitons le village, les enfants courent dans tous les sens heureux de ce dépaysement, mes filles et moi-même sommes rarement allées au ski, pour nous la montagne c'est plutôt l'été. Le ciel est étoilé avec un croissant de lune, pur, pas un nuage, la neige est généreuse tout est immaculé, je n'arrête pas de m'émerveiller, heureuse de cette parenthèse. Mes sœurs aussi s'extasient de ce paysage carte postale, Camilla nous promet que demain matin on en aura encore plein les yeux, sur ce nous entrons dans un restaurant qui nous accueille avec un feu de cheminée ainsi que des effluves de raclettes et de fondues. C'est avec les estomacs pleins que nous rentrons, les enfants s'endorment rapidement et malgré la fatigue je veux rester avec les autres à papoter dans le salon. Je me sens à l'aise j'ai quatre infirmiers et un aide-soignant autour de moi qui chahutent et font des blagues à deux balles, on se croirait en colonie de vacances !

Vendredi 18 janvier.

Tout le monde est pressé d'aller sur les pistes, je me renseigne pour des cours de ski, les filles en ont besoin, 70€/heure on est bien à la Clusaz. Mes sœurs insistent pour leur offrir, ce sera leur cadeau d'anniversaire. Du coup j'ai du temps libre pour marcher dans la neige sous un magnifique soleil, respirer l'air frais, admirer le paysage. Je prends tout ce qui m'est offert, les images, le bruit de la neige sous mes pas, les odeurs, les oiseaux, je prends tout. Je ne fais que ça depuis quelques temps comme si le temps m'était compté. Après cette jolie balade, je retourne aux pieds des pistes à la terrasse d'un café et savoure un chocolat chaud en extase. Il paraît que le bonheur est fait de petits moments comme ceux-là. La tribu réapparaît peu à peu pour m'imiter, puis repart. Avec Sabine et les enfants nous déjeunons ensemble tandis que les autres sont au resto d'altitude. Mathis est un véritable moulin à paroles et contamine ses cousines, elles nous racontent leur cours avec le moniteur, les chutes, les skis qui partent dans tous les sens. Malgré l'ambiance bon enfant, Sabine est ailleurs et je ne peux m'empêcher de penser que c'est à cause de moi. A la fin du repas, elle me demande si je veux retourner à l'appart pour faire une sieste, même si je suis fatiguée je préfère les attendre ici, je veux profiter à mon niveau de ces moments j'aurai tout le temps de me reposer plus tard.

Je regrette de ne pas pouvoir faire de la luge avec les enfants, mon cath externe ne le permet pas, j'ai dans la tête les paroles du docteur « faites attention à la montagne à ne pas tomber ». Tant pis je les regarde se marrer, chuter, remonter, redescendre, perdre leurs bonnets, leurs rires, leurs bonheurs sont contagieux et c'est amplement suffisant.

Dans la soirée, Jean Chri propose de faire le dîner, on est ravis, pendant ce temps Elodie me rejoint dans la salle de bain pour changer mon pansement. Lorsqu'elle le retire je regarde de quoi j'ai l'air dans le miroir, c'est pas terrible : bonnet sur la tête, plus de sourcils, les cils se battent pour exister encore un peu, et au-dessus de ma poitrine mon port à cath à droite et ce nouveau tube à gauche. Quelle horreur, Elodie poursuit son « acte », j'entends vaguement qu'elle me rassure en disant que c'est provisoire dans quelques mois on me retirera tout ça. Je ne sais pas où je suis mais pas dans la salle de bain, à ce moment Sabine toque pour entrer et voir si tout va bien avec un timide sourire. Les rires et les cris aigus des enfants viennent perturber nos mines de papier mâché et c'est tant mieux. Nous les rejoignons pour continuer la soirée dans la joie et le plaisir d'être ensemble tout simplement.

Samedi 19 janvier.
C'est l'anniversaire de Sonia, après une journée similaire à celle d'hier, Camilla, Sabine et moi préparons le dîner, enfin, moi je regarde, elles ne veulent rien me laisser faire. Les garçons et Elodie

sont au village pour acheter les gâteaux d'anniversaire. Après le repas, Inès et Sonia soufflent leurs bougies et ouvrent leurs cadeaux, une pensée déboule sans crier gare, j'espère que ce ne sera pas la dernière fois que j'assiste à cet évènement. Camilla prend des photos depuis que nous sommes arrivés, je lui demande de me les envoyer très vite pour les avoir avec moi durant mon séjour, je veux pouvoir prendre de l'énergie dans ces images. La soirée se termine par une bataille de polochons entre adultes, les enfants sont morts de rire et je n'en perds pas une miette. On finit par se coucher, je ne veux pas penser à demain, je m'endors avec les sourires des uns et des autres dans la tête.

Dimanche 20 janvier.
Toutes les bonnes choses ont une fin, nous faisons nos valises, rangeons la maison et sommes prêts à rentrer. Nous essayons de garder la bonne humeur que nous avions depuis le départ mais le cœur n'y est pas, plus nous nous rapprochons de Marseille, plus l'atmosphère est lourde. Quoi qu'il en soit ces quelques jours ont été une parenthèse de pur Bonheur.

Lundi 21 janvier.
C'est l'anniversaire d'Inès, et je ne peux m'empêcher de penser que je serais à l'hôpital aujourd'hui si elle n'était pas intervenue. Les enfants sont à l'école, j'ai une liste impressionnante de choses à faire et le sentiment que 24 heures ne suffiront pas. Je mets de côté les vêtements de ski que Sylvia m'a prêtés, prépare un gâteau, vérifie pour la énième fois qu'il ne manque rien dans ma valise : vêtements, cahier d'écriture, photos, ordi. Ma trousse de toilette est très sommaire excepté une brosse à dent, du dentifrice, le reste est interdit. J'observe un instant mes vêtements dans l'armoire comme on le fait quand une personne vient de décéder, puis je me dirige vers le placard où se trouvent tous les documents. Ils sont plutôt bien rangés dans des pochettes, faciles à trouver pour mes sœurs, je regrette de ne pas avoir fait de procuration sur mon compte à Sabine

ou Elodie. Je sais que toutes mes factures se font par prélèvement automatique, ma famille n'aura pas à s'occuper de tout ça, elle aura bien à faire entre les enfants et moi. Dans trois semaines ce sera l'anniversaire de Mathis, mon neveu adoré, il aura trois ans, je mets 50 euros dans une enveloppe avec un petit mot que je scotche dans la porte intérieure du placard.

La phrase du pédopsychiatre que j'ai vu il y a quelques temps revient très souvent, trop souvent dans ma tête « avez-vous dit à vos enfants que vous risquez de mourir ? »

Malgré la fatigue, je n'arrive pas à faire une sieste, j'ai encore des choses à faire, tellement de choses, je ne veux pas aller à l'hôpital, m'éloigner de mes filles, de ma famille, de mes amies.

Le retour des filles chasse toutes les idées noires de la journée, elles racontent leur journée, les cours à rattraper et un petit mot de la maîtresse de Sonia « soignez-vous bien ». C'est gentil, j'ai le numéro de portable de la prof principale d'Inès, elle me l'a donné lorsque j'ai souhaité la rencontrer pour l'informer de la situation et de mon inquiétude vis à vis d'Inès.

Inès souffle ses 11 bougies, 11 ans c'est trop jeune pour être confrontée à la Chose, je culpabilise encore, et encore.

J'aide Sonia à faire ses devoirs mais elle se met à pleurer, ne veut pas que je parte, elle me dit « je vais à l'hôpital à ta place, comme ça tu restes ici ». Bon maintenant c'est moi qui ai très envie de pleurer, je marmonne doucement que cette greffe va me guérir une fois pour toute, on se console dans les bras l'une sur l'autre. La soirée est maussade, les filles rejoignent leurs lits superposés et le coucher est inqualifiable. Après le rituel berceuse et bisous, Inès me demande si je vais mourir, son regard ne me permet pas de lui raconter des histoires. Je lui prends la main, je m'étonne de parler d'une voix claire et posée pour qu'elle comprenne bien ainsi que Sonia qui est immobile pour ne pas rater une syllabe de ma réponse. « Comme je vous l'ai déjà dit quand j'ai rechuté, le Cancer revient avec plus de force alors il faut une bonne chimio et une greffe pour le faire partir. Cette greffe est délicate car même si elle vient de ma sœur ce sont des cellules étrangères, peut être que mon corps ne les acceptera pas et, oui, il est possible que je meure, mais je vous promets que cela n'arrivera pas, j'ai toujours tenu mes promesses et celle-là je la tiendrai aussi ». En disant ces derniers mots, je presse davantage ma main dans celle d'Inès pour qu'elle en soit convaincue. Je l'embrasse longuement et me baisse pour faire de même avec Sonia, je lui demande si elle a compris, elle répond oui avec la tête. Je quitte leur chambre et vais dans mon lit, repasse en replay la scène. Même s'il existe des livres sur la perte d'un être cher, personne n'est préparé à la question coup de poing d'Inès. Je suis en colère contre moi-même car je ne sais pas si j'ai bien répondu, si j'ai trouvé les mots justes, si je les ai rassurées ou au contraire angoissées, c'est le flou total. A cause de moi, elles pleurent et ne dorment pas, moi aussi je pleure de chagrin, de frayeur et de rage.

Je leur ai fait une promesse, je suis condamnée à guérir...

22 janvier 2013, plus fragile qu'un château de cartes...

Mardi 22 janvier.
Après une très courte nuit, je prépare le petit déj avant de réveiller

les enfants mais je n'ai pas à le faire car elles sont là dans l'entrée de la cuisine. On s'embrasse et intérieurement je prie pour que ce ne soit pas la dernière fois que je prépare leur petit déj ; après avoir mangé, les filles se préparent, je coiffe Sonia en m'attardant sur ses longs cheveux, j'avais les mêmes quand j'étais petite, ils me manquent tellement puis je vois Sonia qui me regarde dans le miroir, je lui souris mais elle ne me répond pas elle n'a pas envie de faire semblant, elle ! Je la serre fort dans mes bras j'ai envie de m'effondrer mais je n'ai pas le droit, pas maintenant. Inès est la première à partir pour l'école, on s'enlace en pleurant un moment puis je l'écarte de moi sinon elle va être en retard, je lui promets d'appeler ce soir quand elles rentreront pour leur décrire ma chambre. Par la fenêtre, je la regarde s'éloigner, j'ai l'impression qu'un poignard est dans mon cœur. Une demi-heure plus tard, Nattie attend en bas, je recommence le même scénario en plus difficile avec Sonia qui ne veut pas partir mais finit par céder. De la fenêtre, je fais un signe de remerciement à Nattie et Sonia n'en finit pas de m'envoyer des baisers tandis que la voiture disparaît.

A ce moment-là, mon corps ne tient plus, le bonnet me gratte la tête, les cicatrices me chatouillent, le pansement de mon cath me démange, j'ai mal dans chaque partie de mon être, aucune surface n'a de répit. C'est mon cœur le premier qui pleure, je le sens, je l'entends, il me dit que c'est trop, qu'il est fatigué d'être martyrisé par la Chose puis mes yeux se remplissent d'eau et des larmes jaillissent semblables à la lave d'un volcan en éruption rien ne peut stopper le liquide de sortir.

Vers midi quand mon stock de larmes est épuisé et que je suis saoule d'avoir tant pleuré, je commence à me dire qu'il faudrait peut-être que je m'habille car mon amie Nadine vient me chercher dans une heure.

Elle est ponctuelle, il est 13.30, elle attend en bas dans la voiture. Je suis « prête », je prends ma valise et avant de refermer la porte d'entrée je regarde l'appartement tout en faisant ma prière intérieure...

Nadine sort de la voiture et nous nous enlaçons un instant sans rien dire, pas besoin y a rien à dire, puis elle met la valise dans le coffre, au même moment Nattie revient pour me faire un petit coucou avant que je parte.

Je suis émue parce que cette fille ne faisait pas partie de mes amies, c'est une maman d'école que je connais depuis trois ans seulement, mais avec ce qui s'est passé nos liens sont devenus solides, aujourd'hui elle est précieuse pour moi.

Arrivées à l'IPC, Nadine et moi nous dirigeons au bureau d'enregistrement des entrées, une fois la paperasse terminée, nous montons au 4è étage : l'Unité de greffe. Nous patientons dans ce qu'ils appellent « le salon de convivialité » c'est vrai qu'il est agréable, on se croirait presque à la maison. Une pièce d'environ 50 m2, de grands canapés moelleux, une table et des chaises, un micro-onde sont à la disposition des familles des patients, (j'avais oublié qu'une personne à la fois pouvait entrer dans la chambre) ça permet d'attendre son tour dans des conditions plus sympathiques. Une infirmière entre pour me prévenir que la chambre sera prête dans une heure environ, je dis à Nadine qu'il est inutile qu'elle reste avec moi tout ce temps, on s'embrasse, elle a les yeux rouges, me dit des choses rassurantes avec un timbre de voix qui ne l'est pas du tout, je l'embrasse chaleureusement.

Au moment où je m'installe sur le canapé, un homme entre avec une dame plus âgée, nous nous disons bonjour, ils s'asseyent à la table un peu plus loin, leurs visages sont fermés, fatigués, soucieux. Ils commencent à parler discrètement, mais je comprends que le monsieur est venu avec sa mère et la malade est son épouse. Le mari est inquiet, la maman caresse la main de son fils tout en le calmant, mais cela ne suffit pas à l'apaiser il est vraiment angoissé. Son mal être est contagieux, je me sens fébrile, vais-je subir le même sort, mes proches vont-ils s'inquiéter de la sorte ? Ça ne me plaît pas d'être dans ce salon, finalement il n'est pas si chaleureux que ça, un instant j'ai oublié que j'étais à l'Unité de Greffe et pas dans le salon d'un institut de beauté. Cette triste réalité m'encourage à diriger mes yeux vers la fenêtre, le soleil brille dans un ciel sans nuage, je balaye le paysage du regard quand tout à coup je fixe une immense cheminée qui dégage de la fumée claire à 200 m de là. Mon cerveau s'imagine un scénario digne d'un film d'horreur, c'est un crématorium, voilà ce qui m'attend si je ne m'en sors pas, je croise les doigts pour que ma chambre ne me présente pas le même panorama!

Je reviens vers le canapé, cherche mon cahier d'écriture dans ma valise et commence à mettre des mots sur le papier, pas pour oublier tout ce que j'ai vécu, mais parce que écrire est le seul moyen que j'ai trouvé pour vomir tout ce que j'avale depuis le début de la Chose. L'infirmière de tout à l'heure refait son apparition, cette fois c'est prêt. Le titre du film sur Michael Jackson « This is it » s'affiche en lettres néons dans ma tête, je prends mes affaires, chancelante je suis l'infirmière, nous arrivons devant une baie vitrée. Juste à côté des bonnets, gants, masques, blouses et surchaussures sont à disposition des personnes qui franchissent l'autre partie, j'imite l'infirmière qui enfile toutes ces protections puis à l'aide de son badge nous passons dans le côté aseptisé, un long couloir avec des portes de part et d'autre je suppose que ce sont des chambres, le sol est parqueté, les murs agrémentés de hublots sont bleus on se croirait dans un bateau sauf que je ne suis pas en croisière !

Nous passons devant le personnel abrité par des matériaux en verre tel un aquarium, même si le couloir se veut accueillant, je ne retrouve pas les bruits ambiants d'un hôpital, le silence est gênant.

Pour détendre l'atmosphère je demande si ma chambre a vue sur le lagon, l'infirmière sourit sans répondre, puis s'arrête devant une porte à gauche, nous entrons, pour moi le piège se referme je n'ai plus le droit de ressortir je suis en isolement.

L'infirmière me présente tout de suite les machines imposantes, la salle de bain, et le placard taille xs, mais ce qui attire mon attention c'est le bruit du système d'aération à air filtré, un bourdonnement léger qui ne s'arrêtera sous aucun prétexte. A peine installée, l'infirmière me demande de me dévêtir afin de me brancher au port à cath, le protocole de chimio intensive commence sans préambule il se terminera lundi prochain.

Une semaine pour détruire une partie de moi. Elle m'explique que la longueur de la tubulure est suffisante pour aller à la salle de bain, met en route les engins, à droite pour les constantes, à gauche les bips bips s'il y a de l'air dans les tuyaux, si les produits sont finis, si... Elle me promet de revenir pour m'apporter tout le nécessaire d'hygiène.

Seule dans cette pièce minuscule, je me lève du lit pour faire pipi, reliée à la pompe, la tubulure détermine la distance que je peux parcourir (3m), comme un chien je suis attachée. Assise sur les toilettes, j'examine la salle de bain, elle est nickel chrome on pourrait manger par terre ! Je me demande comment je vais tenir huit semaines dans une boite à chaussures sans pouvoir sortir, je m'approche de la fenêtre, forcément elle est condamnée, heureusement que je n'ai pas la vue sur la cheminée... Toc toc l'infirmière revient avec de la Bétadine, des bains de bouche, et du lait corporel voilà ce à quoi j'ai droit, pas de maquillage, rien de superflu, ah si, de l'eau de toilette à vaporiser seulement sur les vêtements. Elle vérifie les appareils, la tubulure, m'adresse un sourire et s'en va, ça va être long, très long...

Mon regard se promène par la fenêtre, les taxis, ambulances et vsl semblent faire une chorégraphie bien rythmée devant les entrées de IPC des personnes fument, certaines traînent des valises, d'autres attendent un véhicule ou un ami. A côté du bâtiment où je me situe, j'ai une autre vision que celle que j'avais lorsque je me rendais à mes chimios de l'IPC 3, une nouvelle construction qui sera terminée dans moins de deux ans. L'hôpital sera plus spacieux, offrira plus de confort pour les patients et les familles, je verrai bien la fameuse garderie dans ce bâtiment tout neuf.

J'ouvre ma valise et range tous les vêtements dans le placard, accroche les photos et dessins des filles sur le tableau face au lit, allume l'ordi et mets de la musique.

L'heure m'indique que les enfants sont rentrées de l'école, alors je les appelle, Inès me raconte sa journée d'une voix trop enjouée pour être vraie et Sonia ne sait pas encore se contenir, elle est triste, sa voix est tremblante, j'essaie de faire diversion en racontant des histoires sans importance mais c'est compliqué. Je leur promets de les rappeler pour le coucher et ma mère prend le combiné pour me dire ce qu'elle a prévu de faire à dîner et me demande comment ça se passe, je résume la chambre et la chimio qui a déjà démarré.

En raccrochant, un nouveau sentiment apparaît c'est l'impuissance, je réalise à cet instant que d'ici, je ne gère plus rien, s'il se passe quoi que ce soit pendant mon isolement ce sera sans moi. Ma mère et mes sœurs qui s'occupent de mes filles à la maison sont les seules à pouvoir calmer leurs angoisses ou leur tristesse je suis obligée de demander de l'aide, cela me coûte et me met mal à l'aise. J'allume la télé pour me changer les idées mais cette sensation est tellement désagréable que je n'arrive pas à me concentrer sur un programme en particulier. Je regarde la porte, j'ai déjà envie de partir, je ne peux même pas faire les cent pas dans ma chambre y a pas la place, je suis prisonnière.

Assise, debout, puis allongée sur le lit, j'essaie de me raisonner, beaucoup de patients n'ont pas la chance d'être ici, ils sont chez eux à attendre un donneur qui viendra un jour ou peut-être jamais...

Alors même si je suis coincée, attachée, isolée c'est le prix à payer pour guérir. Ce moment de lucidité m'aide à être reconnaissante de toutes les précautions d'hygiène, les interdictions en tous genres et les dispositifs médicaux mis en place dans le seul but que je sorte d'affaire.

Vers 19 heures, une dame m'apporte mon premier dîner, je confirme qu'il est très différent des photos présentées dans la brochure de l'hôpital, mais ça je le savais, ici dans l'Unité de Greffe c'est alimentation protégée avec tout un protocole de règles à respecter afin de réduire le risque infectieux. Je mange sans intérêt, les yeux rivés sur la fenêtre et ce qui se passe à l'extérieur, une sonnette me ramène dans la chambre, je comprends alors que mon liquide de chimio est vide. On le remplace très vite, vérifie la tubule et la porte se referme.

J'allume la télé pour combler la solitude qui est incontournable, bizarrement je m'arrête sur des programmes débiles de télé réalité, faut être concentrée pour comprendre s'ils parlent français ou chinois mais leurs disputes à gogos mettent de l'ambiance dans la pièce !
Je surveille l'heure du dodo pour les filles et les appelle pour leur souhaiter une bonne nuit, ma mère répond la première et me questionne sur mon repas. Vu mon enthousiasme, elle change de sujet puis me passe Inès qui met le haut-parleur afin que Sonia puisse entendre, on se raconte des banalités juste pour entendre le son de nos voix, avant de raccrocher je leur dis :
— Je vous aime.
Sonia répond par une phrase d'Inès lorsqu'elle était petite et qui est restée :
— Je t'aime comme le ciel, comme la mer...
Le téléphone dans la main, je reste un moment perdue dans mes pensées, en novembre je fêterai mes quarante ans, je veux être au rendez-vous, j'ai pas fini de réaliser tous mes projets, le toc-toc à la porte interrompt cet égarement. Les infirmiers de nuit se présentent, vérifient les machines, la tubulure, m'expliquent qu'ils viendront régulièrement pour changer les produits, prendre la tension et prélever du sang. Avant de refermer la porte, ils me rappellent de sonner en cas de besoin.
Je trouve un film sympa à regarder mais ma tête part souvent ailleurs, tout à coup, une voix neutre résonne dans la chambre « prenez votre température », ça y est j'ai repéré l'enceinte, je m'imagine à bord du vaisseau spatial de Mr Spock : des machines,

des boutons de couleurs, des bips, des hauts parleurs ! Une demi-heure plus tard, on toque, une dame me propose une tisane, note le chiffre du thermomètre, puis s'en va. Après m'être lavé les dents et avoir enfilé un pyjama, j'essaie de lire un peu, en vain je suis incapable de me rappeler ce que j'ai lu en début de page. Je voudrais bien trouver une occupation pour retarder encore l'heure du coucher mais je ne trouve rien, d'abord debout devant la fenêtre, puis trois pas dans la salle de bain, pipi, trois pas vers l'armoire, la tubulure traîne au sol et me rappelle que je suis attachée. Je capitule et me couche en éteignant la lumière mais avec les boutons colorés des machines difficile d'avoir le noir absolu, j'essaie de fermer les yeux mais je ne me suis pas encore habituée aux bruits ambiants. Finalement je trouve la solution qui m'apaisera pourquoi je n'y avais pas pensé plus tôt : la musique. J'allume mon IPod et écoute le cd du Grand Bleu, je m'endors illico.

Trois heures plus tard, la porte s'ouvre, je me réveille aussitôt, l'infirmière parle doucement tout en faisant son job, vérifie les appareils, la tubulure et active le tensiomètre qui me comprime tellement le bras que j'ai du mal à respirer. Faut reconnaître que mon bras est aussi mince qu'un gressin ! Y'a plus qu'à retrouver le sommeil. Vers cinq heures idem, avec un supplément de prélèvement de sang, les infirmiers ont une demi-douzaine de tubes, je remonte mon tee-shirt afin qu'ils dévissent le bouchon d'un tuyau qui relie la tubulure, aspirent avec une seringue et le liquide rouge coule dans le tube. Après avoir rempli les flacons, ils referment le bouchon et vérifient que les produits de chimios s'écoulent normalement on dirait des plombiers plus que des infirmiers à ce moment-là !
Avant de fermer la porte, ils m'informent que je dois faire pipi dans un bocal, je m'exécute et retourne finir ma nuit...

Juste avant sept heures, la voix dans le haut-parleur m'ordonne de prendre ma température, sympa comme réveil ! J'ai un aperçu de ce que vont être mes nuits. J'appelle à la maison pour vérifier qu'Inès se soit bien levée, jusqu'à présent c'est toujours moi qui la réveillais. On papote deux minutes puis je discute avec ma mère en lui faisant le compte rendu de la nuit, elle me dit de ne pas m'inquiéter pour les enfants, Inès a son repas pour midi, il lui suffira de le chauffer au micro-onde et Sonia est inscrite à la cantine. Je raccroche et mon petit déjeuner arrive, je mets de la musique sur mon ordi, le soleil brille, je m'imprègne de cette lumière comme un portable a besoin de son chargeur.

La dame qui débarrasse mon plateau repas note ma température ainsi que mes urines dans le bocal et disparaît. Je sors de l'armoire ma tenue (caleçon, tee-shirt ample pratique pour la tubulure) et je commence ma toilette qui n'est pas évidente. Après avoir collé un patch hermétique sur le pansement de mon port à cath, j'entre dans la cabine douche et me lave avec la Bétadine, ensuite je me tartine de crème corporelle, avant d'enfiler mes vêtements sans faire de nœuds avec ma tubulure. Je me familiarise peu à peu avec tous ces gestes et cette laisse qui me suit comme un boulet, la matinée est ponctuée par les aides-soignants qui changent les draps quotidiennement, les infirmiers et les médecins qui me questionnent par rapport aux effets de la chimio, me rappellent que le fait de prendre la température trois fois par jour permet de voir rapidement un changement éventuel, et m'avisent qu'un état grippal va arriver très bientôt.

Peu après la visite des médecins, la diététicienne se présente et me propose plusieurs choix pour mes futurs repas, elle prend la commande pour les deux prochains et reviendra régulièrement pour ceux d'après. Je regarde mon téléphone et vois qu'il est midi, j'attends cinq minutes pour appeler Inès, c'est le temps qu'il lui faut pour arriver à la maison, mon dieu comme je suis contente que notre appart soit tout près du collège, ça me tranquillise. Inès répond à la première sonnerie, je la questionne sur sa matinée, lui fais mille et

75

une recommandations concernant le micro-onde, les clés, ses affaires d'école enfin je dois la saouler mais trop gentille, elle ne dit rien. Mon repas arrive, déçue qu'il ne soit pas plus appétissant mais je mange tout de même car la perte de poids annoncée par les médecins en général chez les patients greffés est sérieuse.

Le haut-parleur répète toujours la même chose, après avoir pris ma température, je m'allonge en regardant le goutte à goutte et m'endors.

Dormir sans être dérangée est réparateur, l'après-midi est consacré aux visites et c'est la valse, une par une, mes copines entrent dans la pièce telles des légistes de NCIS. On prend tout à la dérision, les machines, la laisse, ma tronche et la leur, même si je ne vois que leurs yeux, leurs voix me réchauffent le cœur. Je saurai bien plus tard, qu'aussitôt sorties, elles pleuraient tout comme moi.

Mes sœurs passent me voir dans la soirée, la scène se répète, on blague, elles scrutent les produits qui passent dans mes veines, m'interrogent sur les premiers effets de la chimio, j'en cite un ou deux mais je préfère qu'elles me parlent d'elles. Une fois parties, la chambre redevient triste et moi avec.

Demain ce sont les enfants qui viendront, et mon stress augmente avec les heures qui me rapprochent d'elles.

Le matin je les appelle pour savoir si elles ne sont pas malades sinon le rendez-vous sera reporté, tout va bien je suis soulagée et contente de les voir, ici le temps s'est arrêté, j'ai la sensation que cela fait une éternité que je ne les ai pas vues. Il est prévu qu'elles viennent vers 16 heures, je surveille l'heure fébrilement en me posant tout un tas de questions, vont-elles être choquées par les machines, le protocole ou tout simplement par moi ? J'ai beau essayer de m'arranger un peu, j'ai le teint gris-jaune, les traits tirés, maigrichonne et le bonnet pour masquer mon crâne, je ressemble à une cancéreuse quoi.

On tape à la porte, Inès entre timidement, je ne vois que ses yeux aussi bleus que les protections qu'elle porte, je veux la serrer contre moi, l'embrasser, la consoler mais je ne fais rien. Elle s'assoit sur le lit, je lui caresse la jambe tout en lui expliquant les bruits ambiants, son masque sur la bouche est mal positionné, je m'applique à le remettre. Elle est surprise de voir la chambre si petite, même si je ne vois pas son visage je sais qu'elle est triste de cette situation, je le vois à la façon qu'elle a de tortiller ses mains enfermées dans des gants en latex. Au bout d'un moment, on sait qu'elle doit partir pour laisser la place à sa sœur qui attend avec son père dans le « salon de convivialité », on aimerait pouvoir s'enlacer, à la place, elle met sa tête sur mes jambes et je lui caresse les cheveux.

Je n'arrête pas de lui dire que je l'aime très fort pendant qu'elle disparaît derrière la porte. Je ne vais pas craquer, la petite va arriver, plus tard.

Une infirmière entre avec Sonia « regardez qui je vous amène » dit-elle. Je vois à peine les yeux tellement les vêtements en papier gratt gratt sont grands, ils ne sont pas adaptés pour des enfants, j'hésite entre l'envie de rire ou celle de pleurer. Forcément je choisis la première, l'humour y a pas mieux pour dédramatiser. L'infirmière me dit qu'elle reviendra la chercher, Sonia s'assoit sur le lit et me prend la main, quelle frustration de sentir le latex et pas la douceur de sa peau.

Elle examine toute la pièce comme sa sœur, je lui explique les choses qu'elle ne connaît pas puis j'essaie de faire diversion en lui parlant de ses amies mais la tristesse reprend le dessus :

— Maman, tu me manques trop,

— Vous aussi vous me manquez énormément, ça va passer vite vous verrez et bientôt on sera à nouveau ensemble, toutes les trois sur le canapé collées en regardant la télé.

Que dire, que faire, je n'ai pas la réponse, l'infirmière revient, elles s'en vont, c'est un déchirement, les découvrir déguisées de cette façon, ne pas pouvoir les toucher comme je le voudrais, je crois que c'est pire que de ne pas les voir. Si cela ne dépendait que de moi, je pense que je leur demanderai de ne plus me rendre visite, c'est trop dur. Durant toute la soirée et toute la nuit, les images de mes filles en bleu me hantent, le moral est au plus bas.

La semaine de chimio se déroule ainsi, les va-et-vient du personnel, les plateaux repas, les visites et les effets du traitement qui ne sont pas aussi terribles que ce que j'avais imaginé. Les prédictions des docteurs sur l'état grippal était juste, il est apparu le lendemain pour quelques jours, fatigue tout à fait supportable peut être faussée par les médocs.

Lundi 28 janvier.

La chimio est terminée, mon système immunitaire est détruit. Ce matin, Elodie est en salle de cytaphérèse, les jours précédents ont été perturbants. En plus du stress de la greffe, elle a découvert les fameuses douleurs liées aux injections de facteur de croissance pour stimuler la production de cellules souches. J'aimerais tellement être avec elle mais c'est impossible, le téléphone comble un peu cette frustration, Sabine qui est présente me raconte comment ça se passe. Elodie a les deux bras réquisitionnés, dans l'un on prélève les cellules, dans l'autre on lui remet son sang entre les deux une machine a séparé les cellules du sang. J'entends Elodie dans le téléphone qui me dit « t'inquiète je t'envoie des cellules qui déchirent ! ».

Je n'arrive pas à décrire mon ressenti, je suis mal à l'aise de l'avoir mise dans cette situation, je ne fais pas simplement référence aux piqures et à l'endroit où elle se trouve en ce moment, mais plutôt à l'impact que cela pourrait avoir sur mes sœurs. Une qui n'était pas compatible et l'autre qui l'était mais pour rien si la greffe ne marche pas, ce poids énorme qui pèse sur ses épaules, me tourmente et une fois de plus me fait culpabiliser...

La matinée est longue, je pense à mes sœurs, je tourne en rond, je fais « les cent pas » enfin c'est une image vu la taille de la pièce ! Et attends anxieusement mon heure.

Mon repas est à peine consommé lorsqu'on vient le débarrasser, je surveille l'horloge, mon cœur cogne dans ma poitrine quand on toque à la porte. Deux infirmiers entrent avec LE sésame, une poche transparente remplie d'un liquide rosé, un concentré d'Elodie, impossible de décrocher mes yeux du contenu même quand j'entends le personnel s'adresser à moi. Cet élixir est ma chance, la chance de vivre. Je veux qu'Elodie soit là, mais ils refusent, elle pourra entrer dès que la transfusion sera terminée.

Je ne perds pas une miette de leurs faits et gestes qui sont pourtant semblables à une transfusion classique à la différence que cette fois-ci ils vont utiliser le fameux cathéter que l'on m'a « installé » le mois dernier et qui est vierge. Après avoir mis en place tout le protocole, vérification des tubulures, etc., etc...

On est prêt, j'observe la progression du liquide rosé dans la tubulure, au fur et à mesure le fluide se rapproche de mon corps, ma tension est extrême. Je suis déçue de ne rien ressentir physiquement genre, une impression de froid ou de chaud mais émotionnellement je suis sur un nuage, c'est un moment magique, gravé dans ma mémoire même Alzheimer ne pourra pas l'effacer. La poche se vide en quinze minutes, je ne sens rien de particulier dans mon organisme, les infirmiers sont attentifs, sur le fil depuis le début. Puisque c'est fini, je réclame ma sœur, qui entre presque aussitôt, je ne dis rien, je la regarde et imagine ses cellules se balader dans mon corps c'est hallucinant. Elle s'assoit près de moi, nous reparlons un peu de ce matin, peut-être pour dissiper une émotion trop forte. Je lui demande si elle n'a pas eu mal, sa réponse est en-dessous de la vérité je pense. Toute la pression de la matinée tombe doucement, l'infirmière surveille les constantes quand mon corps me prend par surprise et se met à trembler. Apparemment cela fait partie des effets post-injection, je sens la main de ma sœur sur mon dos ou qui me prend dans ses bras je crois mais ça bouge tellement dans mon cerveau que j'ai l'impression d'être dans une machine à laver position essorage. Heureusement ça ne dure pas longtemps, mais c'est suivi d'un épuisement, je ne sais plus quand ma sœur est sortie de la chambre, si Sabine l'a remplacée ou pas.

Quelques heures plus tard, je sens suffisamment d'énergie pour répondre aux messages reçus sur mon portable, j'appelle ma mère qui a essayé de me joindre deux fois. Entretemps mes sœurs l'ont informée du déroulement, le fait de m'entendre la rassure et les enfants qui sont près d'elle sont impatientes de me parler. On discute un petit moment, Inès demande :

— Maman, tu n'as eu que la moitié des cellules d'Elodie, demain elle te donnera le reste, c'est ça ?

— Exactement, j'aurai l'autre partie.

— Tant mieux, gros bisous à ce soir pour ma berceuse.

C'est tellement peu évident pour des adultes d'assimiler les étapes de la maladie, souvent je me questionne par rapport aux enfants, quel pourcentage ont-elle compris de ce qui s'est passé et de ce qui reste à faire ? Moi-même j'ai dû mal.

Le dîner qui arrive ne me fait aucun effet, il repart quasi intact, exténuée je rappelle tout de même mes filles pour leur chanter leur berceuse, avant je demande à Inès de me jouer un morceau de piano, ça me procure tant de plaisir de l'entendre. Je m'endors aussitôt jusqu'à vingt-trois heures, réveillée par les visites des infirmiers. Le sommeil à l'hôpital d'une manière générale est de mauvaise qualité, mais là j'avoue que les réveils sont épuisants, malheureusement il faut ce qu'il faut...

Le lendemain est identique à la journée d'hier, ma sœur donne de sa personne, j'attends le précieux trésor avant qu'il soit injecté dans mon corps. Ces moments sont incroyables puisqu'ils sont uniques, j'observe tout comme pour les rendre indélébiles.

Maintenant j'ai la totalité du système immunitaire de ma sœur, mon groupe sanguin qui était O+ va devenir celui d'Elodie A+, des sentiments très ambigus se mélangent à la fois triste que l'on ait effacé une partie de moi et tellement chanceuse d'avoir reçu ce cadeau.

Les jours passent lentement trop lentement à mon goût, en période d'aplasie je suis surveillée comme le lait sur le feu, en même temps je sais qu'ici dans cette pièce je suis protégée, je pense à une expression familière que tout le monde a dit au moins une fois « tu as un rhume c'est pas grave, tu ne vas pas en mourir ». A cet instant présent, je sais qu'un rhume pourrait m'être fatal. Les visites quotidiennes sont parfois annulées par des copines qui ont un léger mal de tête ou de gorge, toutes ont bien compris le message et ne prennent aucun risque. Mes filles aussi, ont sauté deux fois leur jour de visite pour cause de gastro, j'en ai pleuré elles me manquaient tant j'avais besoin qu'elles me changent les idées.

Des idées qui revenaient trop souvent sur Pierre, je me demandais ce qu'il faisait, s'il avait une autre amoureuse, s'il pensait à moi etc... Pas un jour n'est passé sans qu'il quitte mon esprit, il me hante le jour, la nuit, plus de six mois sont passé, il est toujours autant présent. Tantôt je ressasse les souvenirs heureux, tantôt la fin de notre histoire, je me fais du mal et je ne sais pas comment faire pour me sortir de ce piège. Le 14 février, je l'imagine au restaurant pour la Saint Valentin avec sa nouvelle chérie à la couver du regard tandis que moi je suis au fond du trou. Je le hais autant que je l'aime. Ce constat me rend triste parce que je vois qu'il n'y a eu aucune évolution, le seul point positif, c'est que cela me donne la rage pour en finir avec la Chose. La psychologue me propose de ne pas chasser les souvenirs, plus j'essaierai de le faire plus ils seront présents. Je suis surprise par son discours mais je l'écoute, j'ai confiance en elle, le temps fera le reste.

Les visites des gens que j'aime me reboostent, ils me racontent leurs vies, ce qui se passe à l'extérieur, pendant ce temps je ne suis pas centrée sur moi. Peu à peu j'ai des affinités avec quelques infirmières en particulier une qui s'appelle Marie-Françoise, je lui fais part de mon idée de garderie, elle trouve le concept génial. C'est alors que je me lance pour écrire une lettre au directeur, autant mettre à profit ce séjour, après plusieurs corrections, je montre ce que j'ai écrit à Marie-Françoise.

Monsieur le Professeur,

Je me permets de vous écrire afin de vous faire part d'un projet auquel je pense depuis un an.
Je suis une patiente de l'IPC depuis octobre 2011. J'ai commencé par de la radiothérapie, puis en juin 2012, récidive... 12 chimios et allogreffe.

Au cours de mes diverses consultations et ensuite lors de mes rendez-vous quotidiens en radiothérapie, j'ai rencontré des difficultés pour faire garder mes enfants.
Je me suis dit que je ne devais sûrement pas être la seule dans ce cas. Pour confirmer mes suppositions, j'ai vu certaines scènes assez difficiles, notamment un jour dans la salle d'attente du Dr Bernard: une maman avec sa fille de 3 ans qui attendaient que la grand-mère sorte de la consultation. En sortant, la grand-mère se jette dans les bras de sa fille, elles pleurent toutes les deux. La petite fille de 3 ans assise par terre avec un Paris Match dans les mains regardait la scène désemparée.
Je pourrai citer d'autres exemples que j'ai vus depuis un an. Le dernier en date, le jour de mon entrée en U2T je passe devant la salle de Conseil de Famille, un couple arrive en retard avec bébé dans sa poussette.
Mon projet le voici : j'aimerais créer une garderie, un accueil pour les enfants des patients, le temps d'une consultation, d'un scan ou autres (en moyenne 2 heures).
Je suis convaincue que cela marcherait très bien, j'ai eu l'occasion de discuter avec le personnel de l'hôpital qui a trouvé l'idée très intéressante, j'ai également demandé à l'infirmière cadre si un tel projet avait été proposé car je n'ai rien trouvé de similaire en France, elle m'a dit que non.

Je sais bien que la priorité c'est la recherche, mais vous avez déjà mis en place certaines choses comme les goûters de l'IPC qui marchent plutôt bien, les conseils de familles sont uniques en France d'après l'infirmière cadre.

Pour l'hôpital ce serait un projet innovant à mettre en avant et pour les patients du soulagement de savoir leurs enfants dans une structure adaptée plutôt qu'ils « patientent comme leur parent ».

A titre personnel, je souhaite de tout cœur travailler dans cet hôpital, je ne me vois pas « reprendre ma vie d'avant » (je suis assistante maternelle).

Pour moi c'est une évidence, je ne veux pas avoir eu cette maladie pour rien, il faut qu'il en sorte quelque chose de bon.

Aussi je vous demande de réfléchir à cette proposition, et sollicite un rendez-vous à votre convenance afin de vous expliquer en détails ce projet.

Je vous prie d'agréer, Monsieur le Professeur, l'expression de mes salutations distinguées.

Dylla MATI

J'envoie ma lettre en pdf à Corinne qui se charge de l'imprimer et de l'envoyer.

Tous les jours, j'attends fébrilement les médecins qui, grâce aux prélèvements sanguins quotidiens me donnent la quantité de globules blancs; on est loin, très loin du minimum requis pour vivre hors de la chambre.

Cet isolement est une exceptionnelle expérience de solitude, où l'on pose sa vie comme on pose sa valise...

Mes journées sont rythmées par la surveillance de poids (j'ai perdu quatre kilos sans compter ceux perdus pendant la chimio), les selles (pas de demi-mesure diarrhée ou constipation), les douches, les aphtes, et les repas qui deviennent une corvée. D'ailleurs une mise en garde plane au-dessus de ma tête, si je ne mange pas correctement, j'aurai droit à une alimentation parentérale (par voie veineuse).

Un soir après avoir demandé la permission à l'infirmière cadre, Sabine m'apporte une soupe maison préparée deux heures avant, quel bonheur de sentir les légumes et l'amour de celle qui l'a élaborée. Avec un plaisir certain je mange, pas suffisamment pour ma sœur, elle me surveille comme on fait avec les petits qui ne terminent pas leur assiette !
Vers vingt et une heures Sabine repart avec le tupperware à moitié vide, les infirmiers entrent pour faire leur job lorsqu'on entend une sonnerie inhabituelle, enfin pour moi. Un des infirmiers ouvre la porte, je vois des blouses se diriger rapidement vers une chambre je suppose, il referme la porte, les infirmiers terminent plus rapidement leur boulot et s'en vont. J'entends une activité intense à travers la porte, des va-et-vient qui durent un certain temps puis le silence reprend le dessus. J'essaie de me distraire avec la télé, finalement seule la musique arrive à m'apaiser, je finis par m'endormir.

Le lendemain je demande timidement à Marie-Françoise si la personne s'en est sortie, elle répond non de la tête puis essaie de se justifier en disant qu'il était âgé que ci, que là, bref tout ce que je retiens, c'est qu'ici la vie tutoie la mort.

Encore quelques semaines de suspens, puis un matin le médecin me tend le bilan sanguin, le chiffre minimum requis pour sortir est affiché, youpi j'ai les larmes aux yeux, trop contente de sortir. Elle va calmer mes ardeurs avec une quarantaine de pages d'interdictions, d'autorisations, et de choses à éviter, en clair je serai calfeutrée chez moi, ce sera toujours mieux qu'ici attachée toute seule. J'annonce la bonne nouvelle à mes enfants, ma famille, mes amies à qui veut bien l'entendre, l'infirmière cadre vient me voir pour organiser le jour de la sortie, s'assure que je ne serai pas seule chez moi, sinon direction maison de repos. Elle me remet le porte-documents avec les quarante pages, j'écoute attentivement tout ce qu'elle m'explique parce qu'en fin de compte je commence à baliser de quitter cette bulle stérile. Elle termine en me disant « sachez que 99% des patients reviennent faire un petit séjour parce que de la fièvre, une diarrhée, peu importe cela fait partie de l'après greffe ». Je ferai en sorte d'être dans le 1 %.

15 mars 2013, retour à la vie réelle...

Après huit semaines dans l'Unité de Greffe, je suis prête à quitter ma bulle, les infirmiers me débranchent enfin, je suis libre de partir. Sabine entre dans la pièce avec l'infirmière qui me tend un masque jaune super, méga hermétique que je dois porter dès que je suis à l'extérieur. Il mange la moitié de mon visage, j'ai dû mal à respirer mais va falloir m'y habituer. Mon cœur joue du tam-tam quand ma main touche la poignée de la porte, cette fois je peux l'ouvrir, combien de fois j'ai eu envie de le faire... Maintenant je fais le chemin en sens inverse, nous traversons le couloir, nous passons devant l'aquarium des infirmiers, je les salue et les remercie, certains que je connais davantage me souhaitent un bon rétablissement. Enfin la grande porte vitrée s'ouvre grâce au pass de l'infirmière qui nous dit au revoir chaleureusement. Ca y est je suis lâchée, ma sœur appelle l'ascenseur qui s'ouvre avec des personnes à l'intérieur, je ne peux m'empêcher de toucher mon masque pour voir s'il couvre bien mon nez et ma bouche même s'il est difficile qu'il bouge tellement il est serré. Dans la voiture, Sabine me rappelle toutes les recommandations déjà citées par l'infirmière, tout ce protocole met la pression car même si je peux rentrer chez moi, je suis encore sur le fil.

Quel bonheur de retrouver mon appart, le soleil inonde le salon, Sabine me fait un rapide état des lieux, toutes mes orchidées ont été transférées chez ma voisine parce que je ne peux pas avoir de plantes pendant un certain temps (protocole oblige), ma mère sera là vers dix-sept heures en même temps que les enfants. Je visite chaque pièce comme si je découvrais mon appart pour la première fois, j'avais émis l'hypothèse que je n'y reviendrai pas, je m'assieds sur mon lit, les draps sont propres, je me fais des idées en pensant que les vêtements dans mon armoire sont contents que je sois de retour ! La chambre des filles m'émeut davantage à cause de leurs doudous, du piano qu'Inès jouait pour moi tous les soirs, et du désordre qui m'a manqué.
Sabine doit retourner à son travail, je serai seule jusqu'à l'arrivée de ma mère, je vide ma valise et m'endors sur le canapé. A mon réveil, je prends la température comme à l'hôpital, le chiffre me rassure, je vais dans la cuisine, ouvre le frigo, scanne ce qu'il y a à l'intérieur, et referme la porte, je ne peux pas consommer quelque chose qui est ouvert depuis plus de deux heures.

Dans le placard, je prends un paquet de biscuits en emballage individuel que ma mère a acheté. Je ne savoure qu'à moitié car je réfléchis à la nourriture, ça va être compliqué toutes ces restrictions pendant cent jours (dite période critique), pas d'achat en boulangerie, pâtisserie, pas de charcuterie, pas de restos, (pas de tartare, ni de fruits de mer pendant un an), en revanche vive le uht, le surgelé, et les conserves. Je commence à faire une liste de courses parce que j'ai envie de reprendre du poids et aussi parce que je veux avoir du choix dans la cuisine. Picard va devenir mon meilleur ami pendant trois mois, je vois sur internet qu'il y a tout ce dont j'ai besoin (pain, viennoiserie en petit conditionnement et tout le reste). Je vais devenir la reine des « sachets fraîcheurs ».

Je surveille par la fenêtre l'arrivée de Sonia, Nattie me fait un coucou en sortant de sa voiture et aide la petite à descendre, je trépigne derrière la porte d'entrée, j'entends ses pas se rapprocher, j'ouvre, je ne peux pas la serrer dans mes bras immédiatement elle doit d'abord retirer ses vêtements et se laver (protocole), quelle frustration, elle le savait déjà mais c'est dur de devoir attendre encore. Vite, vite elle va dans la douche et se lave de la tête aux pieds, ma mère et Inès qui arrivent cinq minutes après ont la même obligation. Enfin je peux embrasser mes enfants, les sentir, les toucher, les voir, plus de masque, de gants, et de blouses. On papote, on s'embrasse, on papote à nouveau, on se reprend dans les bras, le manque ne se rattrape pas il reste inscrit dans la mémoire, mais se toucher à nouveau fait beaucoup de bien.

Ma mère s'affaire en cuisine pour le dîner, elle me demande ce que je souhaite manger, ce qui me ferait plaisir mais j'ai encore du mal avec la nourriture, j'ai l'estomac d'une enfant de deux ans. Devant mon indécision, elle détermine le menu et compte bien me redonner goût à la cuisine, je lui fais confiance c'est son métier.

Assises sur le canapé, nous regardons une série que mes filles adorent, mais ce moment est surréaliste, Sonia me dévore des yeux comme si j'étais le Père Noël et Inès me caresse la main délicatement comme on le fait avec les nouveaux-nés. Cet instant sans parole fait partie de ma boite à souvenirs.

L'heure du coucher se fait enfin dans la sérénité, Inès joue son morceau, celui que j'ai entendu tous les soirs au téléphone, regarder ses doigts courir sur le piano et la joie dans ses yeux me rendent euphorique. Sonia attend son histoire dans le lit, un livre que j'ai trouvé quelques mois auparavant et qui apparemment fait écho dans nos têtes à toutes les trois. « Je t'aimerai toujours, quoi qu'il arrive... » C'est l'histoire d'un petit renard, de mauvaise humeur parce que personne ne l'aime. Sa maman va le rassurer et lui expliquer que leur amour durera toujours quoi qu'il arrive...

Je raconte l'histoire à haute voix pour qu'Inès entende aussi, mais ce soir cette histoire prend une autre dimension. Je quitte leur chambre en les sentant apaisées.

Je dis bonne nuit à ma mère qui dort dans le salon et vais dans ma chambre, quelle sensation étrange de retrouver son lit, un grand lit, y a un truc bizarre mais je n'arrive pas à savoir ce que c'est. Je n'envisage pas de lire, rien ne rentre depuis des mois, j'éteins la lumière et là je comprends le truc, pas un bruit, pas d'aspiration, pas de bip, rien, nada. Maintenant je n'arrive pas à dormir parce que c'est trop calme, un comble !

Vers trois heures du mat, je suis réveillée par les bruits des machines mais je réalise que c'est mon imaginaire qui travaille, la pièce est habitée par le calme absolu, la porte de ma chambre est fermée, personne ne va l'ouvrir pour vérifier quoi que ce soit, je me rendors. Il me faudra bien dix jours pour chasser l'idée qu'une infirmière peut entrer à tout moment.

Chaque jour est compté jusqu'au centième, chaque semaine je me rends au QG pour les bilans, contrôles et compte rendu avec l'oncologue.

Je respecte rigoureusement les recommandations en tous genres. Cette surveillance étroite me rassure la plupart du temps, malgré la contrainte des prises de sang difficiles à cause de veines fatiguées. Les chiffres des bilans sanguins jouent avec mes nerfs, ils font la pluie et le beau temps, c'est eux qui jugent si je suis sur la bonne voie ou pas.

Lors de ma deuxième visite post greffe au QG, je reçois un appel de la secrétaire de direction qui m'informe que le sous-directeur souhaite me rencontrer au sujet de ma lettre. Le rendez-vous est pris pour la semaine prochaine. Quand elle raccroche, je reste muette, je n'en reviens pas, je n'y crois pas, j'appelle tout le monde pour partager cette nouvelle. J'essaie de me tempérer, ce n'est pas parce qu'il va me recevoir qu'il va m'offrir une garderie sur un plateau, mais tout de même, il est intéressé.

Je ne vais y aller les mains dans les poches, ça fera plus sérieux si je lui présente un papier. J'ai une semaine pour faire un petit dossier, détailler point par point l'enjeu de cet accueil pour enfants.

Je suis trop fière de dire au chauffeur de mon vsl que pour une fois, je ne vais pas au QG pour la Chose, je lui montre mon dossier, il est sincèrement content pour moi et souhaite que ça marche.

Malheureusement ce masque en plein milieu de ma figure n'est pas très flatteur, mais je ne peux pas faire sans. Mr Naris me reçoit, je lui présente mon projet, et lui remet le dossier. Il écoute et malgré mon enthousiasme, évoque gentiment que les priorités, les budgets, les besoins aujourd'hui sont ailleurs. Je repars aussi triste que ce que j'étais contente en arrivant.

A la maison, peu à peu je reprends les rênes, ma mère et mes sœurs peuvent espacer les visites. Mes amies viennent chez moi puisque je n'ai pas le droit d'aller dans une autre maison (microbes qui ne sont pas les miens etc...), elles sont supers, elles aussi obéissent aux règles. Ma première sortie est à Saint Cyr avec ma bande de foldingues, on marche sur le port, malgré le masque jaune façon Daffy duck, je suis heureuse d'être là et c'est tout ce qui compte. J'ai réussi une marche de tortue de trois cent mètres, avant la Chose je faisais du vélo pendant une heure trente mais c'était avant ! L'après-midi se passe merveilleusement bien, mais le soir fatalement le canapé m'attire, je suis exténuée de cette première marche, mes fesses et mes jambes sont en alerte rouge. Le téléphone sonne, je quitte le canapé telle une vieillarde pour répondre à Sabine qui n'est pas enchantée de mon récit. Elle me sermonne, me rappelle qu'il faut y aller doucement, oui mais ça me déprime d'être courbaturée parce que j'ai fait trois cents mètres, bref faut de la patience, oui de la patience...

Au fil des jours, j'ai le sentiment de pouvoir faire un peu plus, cuisiner n'est pas le mot exact mais au moins faire le repas pour mes filles, je n'ai pas encore repris la conduite, pas assez de force dans les jambes pour appuyer sur les pédales. De temps en temps je me promène autour de chez moi comme un chaton qui s'éloigne mais pas trop, dès que je me sentirai prête, je marcherai le long de la plage comme je faisais avant.

Ce jour-là arrive enfin, il fait beau, un léger vent caresse mon visage, la mer est d'un bleu soutenu, je ferme les yeux pour amplifier tous mes sens, intérieurement je remercie Elodie. Cette balade me procure beaucoup de plaisir et m'encourage à recommencer, plus mon corps sera actif, plus vite je récupérerai la masse musculaire disparue.

Depuis mon retour, tous les soirs avant de m'endormir j'ai un rituel, je caresse mon cuir chevelu qui s'étoffe tout doucement et revois ma journée, j'ai profité de mes enfants, de ma famille, de mes amies, du soleil, du bleu du ciel et de la mer, une journée sans soucis, et je prononce la même phrase « un jour de plus ... »

Lundi 6 mai.

Le jour 100 est le jour des barrières qui tombent, fini la bouffe sous haute protection, les douches illico presto des enfants rentrées de l'école, fini l'isolement maison, j'ai enfin le droit d'aller chez ma mère, mes amies, et au restau.

Timidement la vie normale refait son apparition, la gvh dite « aiguë » est écartée maintenant. On va pouvoir commencer les vaccinations comme pour les bébés, car la mémoire de mon système immunitaire a été détruite avec la fameuse chimio prégreffe. Maintenant je comprends mieux un bébé ronchon après un vaccin, je suis dans le même état. Peu de temps après, on me retire un cathéter celui qui dépasse, celui qui a servi pour la greffe, je suis contente, soulagée de ne plus avoir de pansement, ni de tube qui sort. L'autre cathéter sera retiré beaucoup plus tard.

Les visites au QG sont passées à une fois par mois, j'envisage avec la permission du Dr Grandet oncologue post greffe, de partir fin août, une semaine à Arcachon. Permission accordée !
La fameuse semaine que j'avais annulée un an plus tôt, je m'étais fait la promesse intérieurement de réparer cette contrariété. Cela fait partie de ma liste des choses à faire.

Début juillet, quelques jours avant que mes filles partent en vacances, j'attrape une gastro qui restera dans les « annales » ! Malheureusement l'infirmière cadre avait raison et je n'ai pas pu faire partie des 1% qui ne reviennent plus dans l'Unité de Greffe. Pour la première fois depuis le début de la Chose, les ambulanciers m'ont mis sur un brancard tellement j'étais incapable de bouger.
Hospitalisée depuis quatre jours, des liquides sortent par tous mes orifices, je suis plus épuisée que toutes les chimios réunies, je n'ai jamais été aussi squelettique, une alimentation parentérale est indispensable, c'est hallucinant de dire ça mais je suis heureuse d'être ici je sais que je suis entre de bonnes mains. Si j'avais été dans un pays moins civilisé, ma vie se serait arrêtée là. Les bagages des enfants sont faits par mes sœurs, mes filles sont inquiètes de partir ainsi et sans me voir, cela remue les souvenirs trop frais de l'été dernier.
Heureusement, je guéris de cet épisode au bout de neuf jours mais la perte de poids est affolante, si j'étais en Ethiopie, excepté ma couleur de peau, je fondrai dans le décor.

Quelques semaines plus tard, je demande à mon amie Jamila de partager la semaine à Arcachon avec moi parce que je ne suis pas encore en état de conduire sur un long trajet et d'assumer seule tout le reste. C'est ainsi que nous partons avec nos enfants vers cette magnifique région du bassin d'Arcachon, avoir mon amie près de moi me rassure et m'éloigner un peu du QG c'est pas mal.

L'océan à perte de vue, la dune du Pyla face à nous, Jamila propose de prendre l'escalier mais je refuse. Cette barrière de sable je la rêvais dans ma chambre bulle et maintenant elle est là devant moi, lentement mais sûrement, encouragée par les enfants je grimpe. Arrivée tout en haut la vue est imprenable, je pleure de joie, j'ai réussi. Cet instant de pur bonheur est partagé avec les enfants et Jamila on s'enlace, on rit, on pleure, on contemple l'Incroyable. Une semaine inoubliable à ajouter dans ma boite à souvenirs...

A mon retour, je pense être suffisamment forte pour envoyer un texto à Pierre, mon souhait est de le revoir. Oui j'ai besoin de le voir pour tourner la page. Il est ravi, il a peut-être des idées en tête. Je mets deux heures ou plus à me préparer, je veux qu'il regrette de m'avoir laissée, je porte une robe style Courrège blanche et bleue, des sandales à talons, des créoles et ma coupe courte façon Christina Cordula.

Le résultat est à la hauteur de ce que je voulais, il est ponctuel, il sonne à vingt heures, les retrouvailles sont maladroites, on écourte rapidement ce malaise en allant aussitôt au restaurant. En voiture, il devient très loquace peut être pour dissiper la gêne, il parle de ce qu'il a fait depuis un an, puis il continue à table comme s'il parlait à un pote qu'il n'avait pas vu depuis un moment. J'observe ses gestes, ses paroles que j'entends à peine, je repense à tous ces moments où je l'ai aimé, pleuré, détesté, injurié qu'en est-il aujourd'hui ?

Tout à coup je quitte mes pensées quand j'entends une phrase qui me fait bondir, il me dit « tu es en vacances » enfin c'est tout ce que j'ai retenu. Je regarde autour de moi les gens qui mangent tranquillement, sur notre table la bouteille de vin m'attire irrésistiblement, j'ai envie de la fracasser sur son crâne juste pour ce qu'il vient de dire et aussi sûrement pour tout le reste. Au lieu de ça, comme à mon habitude je me maîtrise et lui réponds « tu considères l'hôpital, les chimios et la greffe comme des vacances? » Il réalise son absurdité, l'ambiance glaciale nous incite à partir au plus vite, il me raccompagne.

Fin du chapitre Pierre.

La rentrée scolaire est plus gaie que la précédente, Inès est en 5ème, Sonia au CE2, j'ai le sentiment étrange qu'elles ont sauté une classe tellement j'étais absente de leurs vies. Les semaines passent et se rapprochent de mon anniversaire. En novembre je fêterai mes quarante ans, j'ai prié dans les moments difficiles pour arriver à ce jour. Je veux qu'il soit mémorable.

Samedi 23 novembre.

Pour mon anniversaire, j'ai souhaité une soirée déguisée, j'adore ça, peut-être parce qu'on se déguise rarement, mais tout le monde joue le jeu et il y a beaucoup d'imagination. Des couples, Bonnie and Clyde, Cruella et son chien, César et son épouse et puis les classiques chinois, Cléopatre, rockeuse, gypsie, prince d'Arabie, seventies...Mes filles en diable, mon neveu Mathis en Spiderman, mes sœurs chirurgien genre garagiste, et indienne, ma mère en hippie et moi en danseuse de salsa ! La soirée est comme je la voulais, magnifique, tous mes amis et ma famille sont présents, beaucoup de joie et d'émotion se ressentent, les rires, les sourires, pleuvent toute la soirée et c'est tout ce dont j'ai besoin. Quelques larmes tout de même au moment de souffler les bougies, parce que chaque personne sait que ce moment est magique, je n'ai pas raté le rendez-vous...

La cagnotte en guise de cadeau me permettra de partir à Londres avec mes filles prochainement et le cahier où tout le monde a mis un petit mot est conservé comme un trésor.

Quand la fête est terminée, je demande à ma sœur de me faire la dernière injection du vaccin Pentavac, je serai un peu fatiguée demain mais ça n'a pas d'importance puisque ce sera dimanche.

Trois jours plus tard, de petites rougeurs apparaissent timidement sur les cuisses pour devenir de plus en plus rouges et élargir leurs champs de bataille. J'appelle le Dr Grandet qui me demande de venir, je me déshabille, elle observe les tâches rouges sur les jambes qui ont progressé vers le ventre, les fesses et les bras. Je lui dis que c'est apparu trois jours après l'injection, il s'agit forcément d'une réaction. Son visage sombre n'est pas d'accord avec ma conclusion, elle penche plutôt vers une gvh chronique. Euh, je croyais que j'en avais fini avec les rejets de greffe, mais non il peut y avoir un rejet hépatique, pulmonaire ou cutané, je me rappelle on m'en avait parlé. Un prélèvement va confirmer qu'il s'agit bien d'une gvh, une réunion est prévue pour savoir si je vais prendre de la cortisone à haute dose ou s'il faut un truc plus invasif. En attendant la décision, les taches gagnent du terrain, heureusement mon visage est épargné. Finalement la cortisone est retenue, j'en prendrai pendant six mois. Les rougeurs disparaissent petit à petit mais les empreintes restent incrustées sur ma peau, l'essentiel est que la cortisone fasse effet, côté esthétique faudrait faire un peeling mais je ne supporte plus que mon corps soit martyrisé, tant pis je garde les marques.

En six mois j'ai pris huit kilos et quelques effets indésirables, puis à la fin du traitement j'ai commencé à perdre ce que j'avais pris.

Juillet 2015 : un an plus tard...

Peu à peu, je reconstruis ma vie comme un puzzle, j'ai repris mon travail d'assistante maternelle, et mon divorce a été prononcé après cinq ans de bataille. Ma recherche d'appartement devient très concrète mais les assurances sont réfractaires à mon dossier malgré la convention Aéras car je suis « un cas à risque ». Je ne désespère pas je finirai par en trouver une. Le projet de garderie est toujours en attente même si j'ai eu un autre entretien, il faudra du temps pour que les choses se réalisent. Je ne veux pas avoir eu cette maladie pour rien, il faut qu'il en sorte quelque chose de bon. Je sais que c'est le projet de ma vie et tant que rien n'est fait tout est possible...

Ma famille et mes amis sont toujours très présents, ils font partie de mon quotidien, ils me donnent l'énergie dont j'ai besoin pour avancer.
Mes filles ont bien grandi depuis le début du cauchemar, treize et

dix ans, elles me comblent de fierté et de joie. Elles sont le soleil de ma vie.

Aujourd'hui, je peux dire qu'il y a un avant et un après, inéluctablement la maladie m'a fait évoluer. Je sais où sont mes priorités, la direction que je veux prendre et je sais apprécier tous les bons moments qui s'offrent à moi.
Lorsque j'ai décidé d'écrire ce livre c'était avant tout pour moi, j'avais besoin de sortir tout ce que j'avais gardé. Ce fut difficile de revenir sur cette partie de ma vie, mais plus j'écrivais plus l'envie de partager mon expérience avec les autres est devenu une raison supplémentaire.
En récompense, la satisfaction de délivrer un message d'espoir, d'amour, de vie.
Parce que chaque jour est une chance...

REMERCIEMENTS

Je remercie l'équipe médicale de l'Institut Paoli Calmettes, les oncologues, les infirmiers, les ambulanciers, les aides-soignants pour leur gentillesse, leur écoute et leur patience.

Je remercie plus particulièrement le Dr Bouabdallah ainsi que le Dr Granata.
Mon infirmier préféré Abdel pour ta bonne humeur et le soleil que tu as mis dans le département chimio.
Corine Martin infirmière cadre partie à la retraite, et Marie-France pour ses bons conseils concernant le projet.

Merci à mon médecin généraliste le Dr Terrasa, mon acupuncteur, le Chinois, mes infirmières à domicile ainsi que les laborantines.

Un grand merci à Magui ma prof de yoga, tes cours ont été et sont toujours une bénédiction pour moi.

A Marie, ma voisine pour ta bonté et ta discrétion.

A Camille pour cette parenthèse à La Clusaz.

A Pierre, grâce à toi, la colère m'a donné la rage de m'en sortir.

Merci Maud, pour ton soutien, ta lettre et ta confiance puisqu'aujourd'hui je m'occupe de ta dernière princesse.

Merci William, pour vos messages, nos échanges, votre humour, vous étiez ma bulle d'oxygène...

Je remercie mes amies Jalila, Sonia, Carine, Céline, Nathalie, Sylvie, Lilia, Nadia et Laëtitia pour votre solidarité, les soirées rigolades, votre amour m'a donné des ailes.
Pour finir, je remercie ma famille en Or.

Inès et Sonia vous m'avez apporté tant de force, de détermination et d'amour pour me battre et pouvoir continuer à vous regarder grandir.

Merci maman pour ta présence auprès des enfants, ton soutien malgré ton déni de la maladie. Je sais qu'il n'y a rien de pire pour une maman que de voir son enfant malade.

Merci Sabine d'avoir toujours été présente dans ma vie et d'être ma sœur tout simplement.

Elodie, ma sœur « jumelle », Merci, Merci, Merci...

© SUDARENES EDITIONS
ISBN : 9782374640105
Dépôt légale : 1er Semestre 2016
www.sudarenes.com